**PARTIZIPATION UND URBANE INTERVENTION**
Dimensionen / Gespräche / Projekte

# PARTIZ
# UND U
# INTERV

# PATION
# RBANE
# ENTION

Herausgegeben von
Annette Menting, Walter Prigge,
Ronald Scherzer-Heidenberger,
Andreas Thiesen

 edition kultur druck

HTWK Leipzig / Fakultät Architektur und Sozialwissenschaften
Karl-Liebknecht-Straße 145 / 04277 Leipzig / fas.htwk-leipzig.de

Gestaltung: Oberberg . Seyde, Leipzig
Druck: Pöge Druck, Leipzig

Erste Auflage 2016 / edition kultur druck
© poetenladen verlag, Leipzig / Copyright der Texte und Bilder
bei den Autoren und Fotografen soweit nicht anders angegeben.
Alle Rechte vorbehalten. www.kulturdruck.poetenladen.de
ISBN: 978-3-940691-81-1

6       Grußwort / Gesine Grande

10      Einleitung / Annette Menting, Walter Prigge

## DIMENSIONEN

18      Partizipation und Stadtentwicklung
        Andreas Thiesen, Ronald Scherzer-Heidenberger
28      Warum Gärtnern in der Stadt politisch ist
        Christa Müller
34      Madrid Río, a singular urban operation
        Emilio Martinez Vidal
40      Urbane Interventionen Istanbul
        Moritz Ahlert, Friedrich von Borries, Jens-Uwe Fischer

## GESPRÄCHE

46      Partizipation in Leipzig
        Norma Brecht, Dorothee Dubrau,
        Angelika Kell, Verena Landau

## PROJEKTE

58      Partizipation – Kommunikation – Intervention
        Projekte der Fakultät Architektur und
        Sozialwissenschaften

## ANHANG

# GRUSSWORT

Gesine Grande

Ich freue mich, dass mit dieser Publikation das Kolloquium der HTWK Leipzig zum Architektursommer Sachsen 2015 dokumentiert wird. Der Architektursommer fand zum dritten Mal in Sachsen statt – ein attraktives Format, das es auch in anderen Städten wie Lübeck oder Hamburg gibt. In Jahr 2015 stand Leipzig im Mittelpunkt des Architektursommers Sachsen. Ich freue mich sehr, dass die Fakultät Architektur und Sozialwissenschaften aktiv und sichtbar mit dem Kolloquium den Diskurs und die Interpretation des Themas gestaltet und prägt.

Die Fakultät Architektur und Sozialwissenschaften selbst verkörpert eine strategische Entscheidung der Hochschule für Technik Wirtschaft und Kultur. Die Fakultät Angewandte Sozialwissenschaften und der Lehr- und Forschungsbereich der Architektur wurden zum 1.1.2014 zur Fakultät Architektur und Sozialwissenschaften zusammengeführt. Ich selbst durfte diesen Prozess damals als Dekanin begleiten. Eine sehr interessante Zeit, die wohl auf beiden Seiten – bei den Architekten und bei den Sozialwissenschaftlern – noch einmal eine Auseinandersetzung mit der eigenen fachlichen Identität, eine Verortung in der eigenen Scientific Community ausgelöst hat. Aber es ging auch um Visionen, um Entwicklungsperspektiven und neue interdisziplinäre Ansätze. Die Themen Partizipation und Soziale Stadtentwicklung spielen dabei eine zentrale Rolle. Das Kolloquium zeigt, dass das Thema längst nicht mehr nur eine Vision ist, sondern sich „materialisiert". Gleich der erste Beitrag zeigt, dass ein Sozialwissenschaftler, Andreas Thiessen, und ein Architekt, Ronald Scherzer-Heidenberger, das Thema Partizipation vortrefflich gemeinsam entwickeln und bearbeiten können.

Das Interdisziplinäre und die Vielfalt der Disziplinen sind wichtige Charakteristika der Hochschule für Technik, Wirtschaft und Kultur – das lässt schon der Name erahnen. Die HTWK Leipzig hat eine lange Tradition als Bauhochschule und Technische Hochschule Leipzig. Seit 1992 vereint sie zudem andere Traditionslinien und Disziplinen unter einem Dach: neben der Architektur und der Sozialen Arbeit die Wirtschaftswissenschaften, das Bibliothekswesen, die Museologie, die Medien und andere. Wir sind als Hochschule also seit mehr als zwanzig Jahren mit den Herausforderungen und Möglichkeiten interdisziplinärer Schnittstellen und mit vielfältigen Kooperationspartnern konfrontiert – und niemand wird heute ernsthaft in Frage stellen, dass wir als Hochschule davon profitiert haben.

Auch bei dem Kolloquium standen die interdisziplinären Themen Partizipation und urbane Interventionen im Mittelpunkt. Sie richten sich nicht nur an vielfältige Akteure wie Architekten, Stadtplaner, Politiker, Sozialwissenschaftler und an die interessierte Öffentlichkeit, sondern umfassen auch unterschiedliche Formate der Auseinandersetzung: vom Vortrag über eine Gesprächsrunde bis zur Ausstellung studentischer Projekte, die in diesem Band zusammengefasst sind.

Ich finde diese Themen auch persönlich sehr spannend. Seit Jahren beschäftigte ich mich mit meiner Arbeitsgruppe mit Zusammenhängen zwischen der gebauten und sozialen Umwelt und dem Wohlbefinden und der Gesundheit der Bewohner in einer Stadt oder einem Quartier. Wir haben in Leipzig in einigen sozioökonomisch benachteiligten Stadtteilen eine doppelt so hohe Zahl von übergewichtigen Kindern wie in den privilegierten Stadtteilen. Und das hat nicht nur mit der Nachbarschaft und bestimmten Verhaltensnormen zu tun, sondern auch mit dem städtischen Raum, der Gestaltung von Fuß- und Fahrradwegen, dem Zugang und der Qualität von Grünanlagen und Spielplätzen, dem Verkehr oder der Attraktivität von Gebäuden und Infrastruktur. Deswegen hat sich auch bei Gesundheitsforschern und Gesundheitsförderern weltweit die Erkenntnis durchgesetzt, dass Stadtentwicklung, Verkehrsplanung und Kommunalverwaltung entscheidende Faktoren für Gesundheit und Lebensqualität sind und weit mächtigere Instrumente als Kampagnen, täglich einen Apfel zu essen.

In einem gemeinsamen Projekt versuchen die Stadt Leipzig, die HTWK und die Unikinderklinik im Stadtteil Grünau die Bedingungen für ein gesundes Aufwachsen von Kindern zu beeinflussen. Für fünf Jahre unterstützt von der AOK Plus sind hier alle relevanten Akteure wie Schulen, Kitas, Vereine, Quartiersmanagement, Lebensmittelanbieter sowie auch die Ämter für Stadtplanung, Grünflächen und Sport beteiligt. Ein Projekt, das sich aus meiner Sicht sehr gut einfügt in das Anliegen dieses Architektursommers: „Wir wollen zeigen, dass durch nachhaltige Entwicklung der Infrastruktur, durch kluge Ansiedlung neuer Industrie- und Wirtschaftsbereiche, durch die Schaffung neuer Arbeitsplätze im Zusammenspiel mit einer konsequent ökologischen Stadt- und Landschaftsplanung lebens- und liebenswerte Wohnstandorte geschaffen werden können."

Vielleicht können wir bei einem möglichen Architektursommer Leipzig 2020 darüber berichten, ob Partizipation und urbane Intervention in Grünau gelungen sind und ob dies auch zu einer veränderten Lebensweise der Bewohner geführt hat. Ich wünsche Ihnen eine anregende Lektüre und auf dieser Basis einen weiteren disziplinen- und interessenübergreifenden Austausch.

# EINLEITUNG

Annette Menting
Walter Prigge

Der Titel dieser Publikation geht auf das gleichnamige Kolloquium der Fakultät Architektur und Sozialwissenschaften an der HTWK Leipzig zurück, das 2015 als Programmteil des Architektursommers Sachsen in Leipzig stattfand. Im selben Jahr beging die Stadt Leipzig das Jubiläum ihrer 1000-jährigen Ersterwähnung mit vielfältigen Festen und Veranstaltungen. So bot es sich bei der Konzeption des Kolloquiums an, die Tradition der Bürgerstadt Leipzig als Themenschwerpunkt zu wählen und sich auf den Diskurs zu bürgerschaftlicher Kultur und öffentlichem Raum zu konzentrieren. „Partizipation und urbane Intervention" fasst einzelne Beiträge zu heutigen Modellen des gesellschaftlichen Verhandelns von Raum und der Praxis seiner Aneignung zusammen. Somit werden die Grundlagen der nutzerorientierten Planung und sozialen Stadtentwicklung dargelegt; das räumliche Spektrum reicht dabei vom einzelnen Gebäude bis zum öffentlichen Freiraum und Stadtquartier. Zugleich wird hier ein Themenkomplex behandelt, mit dem sich die interdisziplinäre Fakultät Architektur und Sozialwissenschaften in Lehre und Forschung beschäftigt, um die Wechselwirkung von gesellschaftlich-politischen und städtebaulich-architektonischen Aspekten zu untersuchen.

Das Kolloquium bot ein dreiteiliges Programm mit Vorträgen, Podiumsgespräch und Ausstellung, dem die Publikation in ihrem Aufbau folgt. Es werden Beispiele von Partizipation und urbanen Interventionen aus dem nationalen und internationalen Kontext präsentiert sowie die Situation vor Ort in Leipzig betrachtet. Der erste Beitrag bietet eine kritische Reflexion zu Partizipation durch Andreas Thiesen und Ronald Scherzer-Heidenberger. Um dem von Markus Miessen 2012 thematisierten „Alptraum Partizipation" zu begegnen, erklären sie, was unter Partizipation heute zu verstehen ist und beschreiben die Möglichkeiten partizipatorischer Praxis für die Stadtplanung und -entwicklung ebenso wie die erforderlichen Rahmenbedingungen. Die Aneignung von öffentlichem Freiraum durch urbane Interventionen in deutschen und europäischen Großstädten wie Berlin, Madrid und Istanbul thematisieren die drei Folgebeiträge. Hier wird deutlich, dass neue Nutzungen von brachliegenden beziehungsweise gefährdeten Räumen unerwartete Perspektiven eröffnen und eine neuartige Zugänglichkeit von Stadt entwickeln. Das „Gestalten auf Zeit" wird bei den Projekten als konzeptionelles Potenzial umgedeutet, um experimentelle Ansätze zu verfolgen. Christa Müller gibt einen Überblick über die Praxis des Urban Gardening als initialer Teil neuer Gemeinschaftsbewegungen in Großstädten wie Berlin und Hamburg. Sie postuliert das Gärtnern in der Stadt auch als politischen Akt, da so ein öffentlicher Raum ohne Konsumzwang für eine demokratische Gesellschaft entsteht. Emilio Martinez Vidal beschreibt mit Rio Madrid eines der wichtigsten Großstadtprojekte der spanischen Hauptstadt: die Gestaltung des innerstädtischen Manzanares-Flussufers als öffentlicher Freiraum. Dabei

**ABB. 1**

**ABB. 1** Die HTWK.box wurde zum Kolloquiumstag am 1. Juli 2015 vor dem Lispius-Bau erneut installiert; sie wurde für die Mai-Festwoche „1000 Jahre Leipzig" von Luisa S. Lübeck entworfen und unter Leitung von Alexander Stahr mit Martin Grünert und einem Team Studierender gefertigt.

**ABB. 2**

**ABB. 3**

**ABB. 2** Das Kolloquium endete mit Drinks & Talks an der Reparieren-Bar von Christian Pfeifer im Ausstellungsfoyer und bei hochsommerlichem Temperaturen im Freien vor dem Lipsius-Bau.

**ABB. 3** Eugenia Freund, Carsten Oppermann und Markus Wiese realisierten die Gestaltung und Installation der Ausstellung im Foyer des Lipsius-Baus.

betrachtet er die verschiedenen Projektteile und Planungsmethoden differenziert – von der Masterplanung als Top-down-Prinzip bis zur intensiven Information und Einbeziehung der Bürger in die quartiersbezogene Planung. Moritz Ahlert, Friedrich von Borries und Jens-Uwe Fischer bringen ihre Erkenntnisse aus dem DFG-Forschungsprojekt „Urbane Interventionen" ein und diskutieren künstlerische Praxis im öffentlichen Raum als Raumaneignung. Am Beispiel des Transformationsprozesses der Magacity Istanbul, insbesondere des Gezi-Parks, wird Kunst als Kritik an der gegenwärtigen neoliberalen Stadtentwicklung und damit als zivilgesellschaftliche Interessensbekundung gegenüber der Politik vorgestellt.

Neben diesen Beiträgen von Architekten, Soziologen und Stadtplanern wird ein Gespräch mit verschiedenen Akteuren wie Politikerin, Bürgerin und Aktivistin zu Potenzialen und Grenzen von Partizipation in Leipzig wiedergegeben. Vier Leipzigerinnen erläutern ihre Position und ihr Engagement für die Stadt: Norma Brecht diskutiert Theorie und Praxis des Netzwerkes „Leipzig – Stadt für alle", Dorothee Dubrau beschreibt das breite Band der Bürgerbeteiligung der Stadt Leipzig, Angelika Kell stellt die Stiftung „Bürger für Leipzig" als partizipative Praxis vor und Verena Landau präsentiert künstlerische Interventionen als Stadt-Wahrnehmung und Aneignung.

Im abschließenden Katalog ist die Ausstellung „Partizipation – Kommunikation – Intervention" dokumentiert, die ein breites Spektrum thematischer Projekte von Studierenden, Absolventen und Lehrenden der Fakultät präsentiert. Die Aktivierung unterschiedlicher Gesellschaftsgruppen im Stadtraum wird durch das Projekt „Ereignisdesign – Reparieren am Dienstag" mit einer mobilen Installation von Christian Pfeifer verfolgt. Zu „Quartiersmanagement" zeigt Peggy Diebler ein Teilhabe-Projekt aus ihrer sozialarbeiterischen Praxis im Leipziger Westen. Das Netzwerk L 21 demonstriert, dass öffentliche Diskursaktionen Teil eines Gestaltungsprozesses werden können und neue Möglichkeitsräume für Leipzig im 21. Jahrhundert eröffnen. Die Stadtraum-Beobachtungen von Kindern in Schreibwerkstätten sind in dem Projekt „Kinderstraße" zusammengefasst, das Jörg-Achim Weber für das Leipziger Kinderbüro verantwortet. Insgesamt zeigt die Auswahl 16 Projekte aus den letzten Jahren und verdeutlicht, dass bereits vor Konstituierung der Fakultät Architektur und Sozialwissenschaften zum 1. Januar 2014 das interdisziplinäre Arbeiten in beiden Bereichen gelebte Praxis war. Die Dokumentation versteht sich als Auftakt für eine Fortschreibung in weiteren Studien- und Forschungsprojekten und gleichermaßen als anregende Lektüre für Interessierte.

# PARTIZIPATION UND STADTENTWICKLUNG

Andreas Thiesen
Ronald Scherzer-Heidenberger

„Seit etwa zehn Jahren kann man einen stetig steigenden übermäßigen Gebrauch des Begriffs ‚Partizipation' beobachten. In dem Maße, in dem sich jeder zu einem ‚Teilnehmer', einem ‚Partizipanten' wandelte, nahm die meist unkritische, naive und romantische Verwendung des Begriffs streckenweise beängstigende Ausmaße an. Versehen mit einem oft nostalgischen Flair von Schutzwürdigkeit, Scheinsolidarität und politischer Korrektheit, hat sich die ‚Partizipation' insbesondere in der Politik zur Standardausrede entwickelt, wenn es darum ging, sich aus der Verantwortung zu ziehen." (Markus Miessen 2012)

Über Partizipation in der Stadtentwicklung zu reflektieren, entspricht in etwa der Herausforderung, sich kritisch zu so unterschiedlichen Themen wie Demographie, Gentrification oder Austerität zu verhalten: Hier wie dort haben wir es mit scheinbar objektiven Herausforderungen zu tun, die lediglich minimale Spielräume auf der Gestaltungsebene zulassen (der Sozialpsychologe Harald Welzer spricht in diesem Zusammenhang von „Selbstbehauptungen", 2013: 287). In gleichem Maße also, wie wir angeblich alle täglich älter, aufgewerteter und verschwenderischer werden, setzt die Diskussion um Partizipation ihre gesellschaftliche Notwendigkeit, den subjektiven Willen und die Fähigkeit zur Beteiligung bereits voraus. Was sich auf den ersten Blick wie ein restriktives Argument liest, zielt auf etwas Anderes: Es geht im Folgenden nicht darum, politische Beteiligung in Abrede zu stellen. Vielmehr wollen wir einen Schritt zurückgehen, um konzeptionelle Klarheit darüber zu erlangen, was wir heute unter Partizipation verstehen können.

Wir beginnen daher zunächst mit einer terminologischen Klärung, um im Anschluss in exemplarischen Bereichen der Stadtentwicklung Partizipationsverfahren zu beleuchten. Dabei verwenden wir sowohl sozialwissenschaftliche als auch politikwissenschaftliche Analyserahmen. Punktuelle Zuspitzungen sind beabsichtigt, da wir davon ausgehen, dass durch die Aneinanderreihung vermeintlicher Best-Practice-Beispiele dem kritischen Partizipationsdiskurs wenig geholfen ist.

**BEGRIFF** Die Bundeszentrale für politische Bildung versteht unter Partizipation „die aktive Beteiligung der Bürger und Bürgerinnen bei der Erledigung der gemeinsamen (politischen) Angelegenheiten bzw. der Mitglieder einer Organisation, einer Gruppe, eines Vereins etc. an den gemeinsamen Angelegenheiten" (Schubert/Klein 2011). Eine engere Rahmung des Begriffs umfasst zum einen „die Teilhabe der Bevölkerung an politischen Willensbildungsprozessen, insbesondere an Wahlen und Referenden", zum anderen „in einem rechtlichen Sinne (…) die Teilhabe der Bevölkerung an Verwaltungsentscheidungen" (ebd.). Partizipation bedeutet also unabhängig von ihren Anwendungsfeldern zunächst einmal Teilhabe. Jene ist ihr bereits etymologisch eingeschrieben. Konkrete politikwissenschaftliche Unterscheidungsmodi von Partizipation bieten Brigitte Geißel und Virginia Penrose an.

| PARTIZIPATIONSFORM | CHARAKTERIASTKA |
|---|---|
| Direkt | Einwirken auf sachspezifische oder personelle Entscheidungen |
| Indirekt | Abzielen auf generalisierende Handlungsvollmachten bei Wahlen |
| Legal | Beteiligung innerhalb der geltenden Rechtsnormen |
| Illegal | Sach- oder Personenbeschädigung; wilde Streiks oder Besetzungen |
| Verfasst | Rechtlich verbindliche Verankerung und Regelung (z. B. Verfassung, Gemeindeordnung) |
| Nicht verfasst | Außerinstitutionelle spontane oder geplante Mobilisierung |
| Institutionalisiert | Deckt sich mit Charakteristika verfasster Partizipationsformen; kann sich auch auf eine bestimmte Organisation (z. B. Partei, Gewerkschaft) beziehen |
| Nicht institutionalisiert | Deckt sich mit Charakteristika nicht verfasster Partizipationsformen |
| Konventionell | Etablierte, weitverbreitete bzw. relativ übliche Formen der politischen Teilhabe (z. B. Wahlakt, Mitarbeit in einer Partei) |
| Unkonventionell | Relativ wenig verbreitete und etablierte Formen der politischen Teilhabe (Bürgerinitiativen, Demonstrationen etc.); Relativität einer solchen Definition |

Partipationsformen in der Mainstream- und genderorientierten Partizipationsforschung (s. Geissel & Penrose 2003, S. 4).

Diese stark verkürzte Typologie gehört erläutert: So muss die Gegenüberstellung von legalen und illegalen Formen der Partizipation um den Hinweis ergänzt werden, dass der weltweite Kampf emanzipatorischer Bewegungen und Einzelpersonen um gesellschaftliche Teilhabe häufig politisch illegalisiert wird. Vor allem die Gezi-Proteste haben gezeigt, dass illegale und unkonventionelle bzw. nicht verfasste politische Beteiligungsmuster nicht immer klar gegeneinander abgrenzbar sind. Dass Negation und Legitimation von Partizipation mitunter parallel existieren können, zeigt das Beispiel der Europäischen Union: Während sich die Chancen, Europa zu erreichen bzw. einmal angekommen, in einem der wohlhabenderen Staaten zu bleiben, durch Kontrolle der Außen- und Binnengrenzen sowie Erhöhung administrativer Hürden für viele Geflüchtete als immer aussichtsloser erweisen, lässt das institutionalisierte Partizipationsverständnis der Europäischen Union ausdrücklich nicht-institutionalisierte Beteiligungsformen zu oder fordert diese sogar ein, zum Beispiel als Voraussetzung dafür, dass Städte und Gemeinden der Mitgliedsstaaten erfolgreich Fördermittel aus dem Europäischen Fonds für regionale Entwicklung (EFRE) einwerben können.

**PLANUNG** In Deutschland definiert das Baugesetzbuch die Mitsprache der „Öffentlichkeit" an städtebaulichen Planungsverfahren (Stichwort „Bürgerbeteiligung"). Beteiligung bedeutet hier das Recht auf Anhörung. Nicht

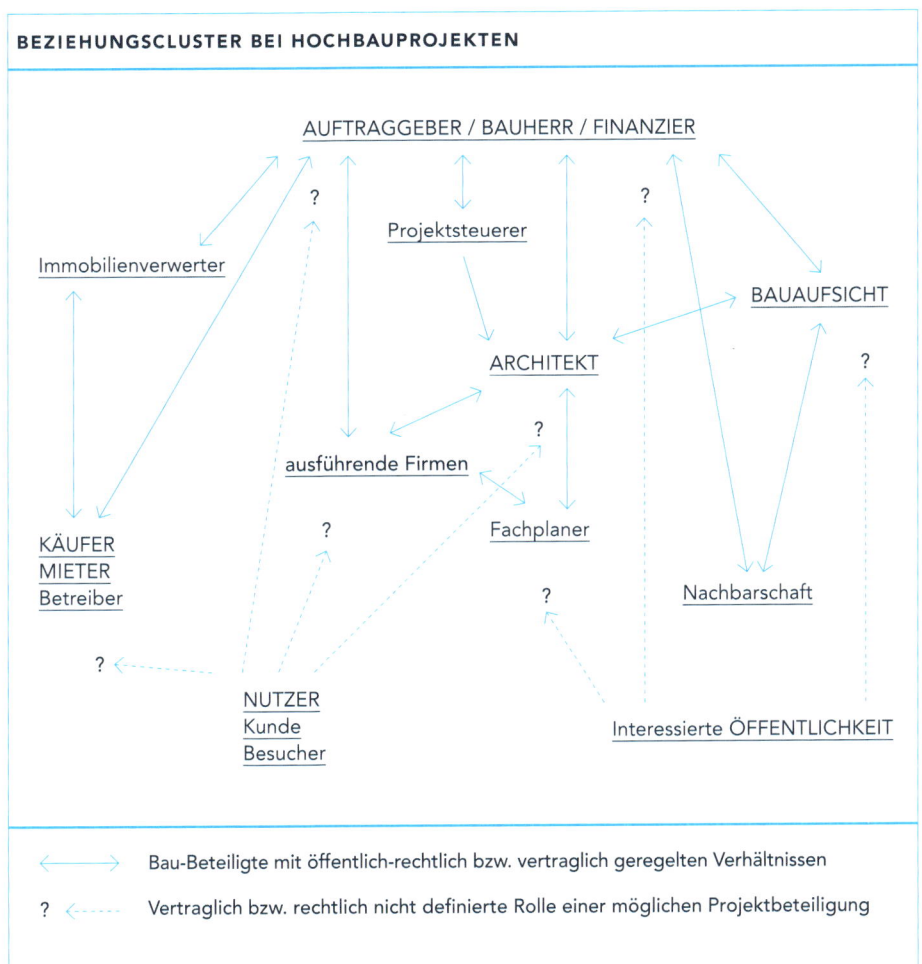

In der Grafik sind die wesentlichen Beteiligten an Bauvorhaben in ihren Beziehungszusammenhängen dargestellt. Jeder Pfeil bedeutet eine entweder auf öffentlichem Recht beruhende und/oder durch ein Vertragsverhältnis fixierte „Beteiligung" am Gesamtprozess der Entstehung des Vorhabens. Deutlich wird, dass es in Deutschland ein komplexes und dabei rechtlich präzise definiertes Miteinander aller direkt am Bau Beteiligten gibt. Gleichwohl zeigen die beiden in der Grafik unten angeordneten Gruppen „Nutzer" und „Öffentlichkeit" auch, dass wesentliche Gruppen von indirekt Beteiligten, also den sog. Betroffenen, so gut wie keine teilhabende Rolle zukommt.

mehr und nicht weniger. Die Forderung nach „Partizipation" ist auf dieser Planungsebene daher meist mit der Teilhabe einer wie auch immer definierten „Öffentlichkeit" an den Entscheidungsprozessen gleichgesetzt, also einem Mitspracherecht, wenn nicht gar einem Mitentscheidungsrecht von nicht direkt Prozessbeteiligten. Bei architektonischen Einzelprojekten tritt eine weitere Komponente hinzu: Die Mitsprache der sog. „Betroffenen". Dies können „direkt Betroffene", also Nutzer, Mieter etc. sein oder aber auch „indirekt Betroffene", also Bewohner der Nachbarschaft, der Siedlung, des Stadtviertels, etc.

Architektur und in besonderem Maße Stadtentwicklung produzieren stets, wenngleich meist privatwirtschaftlich initiiert, physisch erlebbare Ergebnisse von gesellschaftlicher Relevanz. Die Kluft zwischen Planungsentscheidungen und stadtgesellschaftlicher Rezeption ist eine alltäglich erlebte Realität. Die Geschichte der Stadtplanung kennt zahlreiche berühmte Planungsfehler. So genannte Bausünden erinnern uns in allen Städten an die Planungswut vergangener Dekaden; den Zusammenhang von Sozialität und gebauter Umwelt hat wohl am treffendsten Jane Jacobs in den 1960er Jahren formuliert (Jacobs 1963). Heute können wir dank engagierter Stadtkunst die parodistische Komponente von Stadtplanung auf Quartiersebene nachvollziehen. Der niederländische Aktionskünstler Harmen de Hoop zeichnete in den 1990er Jahren in einem Neubaugebiet lediglich den Umriss eines Basketballfeldes auf den Asphalt. Kurze Zeit später errichtete die Stadtverwaltung einen Basketballkorb. ABB. 1

Dieses kleine Beispiel der Qualifizierung eines Stadtraums durch externe Intervention verweist zugleich auf einen weitgehend unbeachteten Aspekt von Partizipation: Jeder Bürger trägt immer auch Expertenwissen für gewisse Lebensbereiche in sich, sei es auf die Hausgemeinschaft, die Nachbarschaft, die Geschichte eines Ortes bezogen, sei es in beruflicher oder sozialer Hinsicht. Professionell organisierte Partizipation macht sich diese Kompetenzen zu eigen und optimiert damit Planungsziele und -inhalte.

**MACHT** Die Frage nach der Entscheidungshoheit stellt sich auf den unterschiedlichen Planungsebenen in unterschiedlicher Weise. Auf der Ebene gesamtstädtischer Betrachtung hat die Frage danach, wem die Stadt „gehört", seit Henri Lefebvres Proklamation eines „Rechtes auf Stadt" weltweit lokale Ableger gefunden (vgl. exemplarisch „Leipzig – Stadt für Alle"). Soziale Stadtbewegungen problematisieren dabei vor allem die Wohnungspolitik im Kontext von „Gentrification", aber auch sicherheitspolitische Belange, die Privatisierung öffentlicher Räume oder bauliche Tristesse werden thematisiert.

In der Tat gleichen sich unsere Innenstädte inzwischen derart, dass mitunter schwer zu sagen ist, an welchem Ort wir uns gerade befinden. ABB. 2

Auf der Ebene planerischer Einzelentscheidungen, also der Projektebene, bringt die Partizipationsdebatte eine ganz andere Problematik zum Vorschein: nämlich den Konflikt zwischen Teilhabe und Autorenschaft oder anders ausgedrückt, die Frage nach der Verantwortlichkeit. Während bei städtebaulichen Planungen als staatliche Hoheitsaufgabe in letzter Instanz

ABB. 1

ABB. 1  Urbane Intervention – unter Beteiligung der Stadtverwaltung

ABB. 2  Nicht Hamburg Hafencity, sondern Puerto Madero (Buenos Aires)

ABB. 2

die politischen Entscheidungsgremien verantwortlich für die Planungsinhalte sind, sieht es bei der Gebäudeplanung grundsätzlich anders aus: Der Architekt, als der für die Gesamtheit der Planung Verantwortliche, haftet im wahren Wortsinn, also nicht nur rechtlich, sondern damit verbunden auch materiell für die von ihm zu vertretenden Planungsinhalte. Änderungen im Planungsprozess durch die Beteiligung rechtlich nicht in den Prozess eingebundener Personen, z. B. durch bewusst geplante oder politisch erzwungene Beteiligungsrunden, bringen den Architekten in die Zwangslage, im Zweifelsfall für Planungsinhalte verantwortlich gemacht zu werden, deren Autor er nicht ist.

Unbenommen davon ist die Benennung der geistigen Autorenschaft, die für Architekten berufliche Selbstverwirklichung und Selbstdarstellung bedeutet, bei partizipatorisch herbeigeführten Planungsergebnissen schwierig. Auch dies ist ein Grund, warum bei Architekten und Planern das Thema Partizipation meist als äußerst problematisch und unter dem Gesichtspunkt eines Angriffs auf die Berufsautonomie bzw. das berufliche Selbstverständnis betrachtet wird.

**DISPOSITIONEN** Partizipation theoretisch zu fassen, bedeutet zugleich, über ihre gesellschaftlichen Voraussetzungen nachzudenken. Wir kennen die Bilder der Stuttgarter Parkanlagen und rieben uns seinerzeit die Augen, da wir glaubten, unsere Eltern und Großeltern unter den Demonstrierenden zu sehen. Der Beweis gegen die These der Politikverdrossenheit schien endgültig erbracht, die Krise der politischen Repräsentation nur konventionelle Formen der Partizipation wie Wahlen zu betreffen (Leggewie 2011). Zugleich waren wir, was Form und Inhalt der Proteste betraf, skeptisch. Stuttgart hatte nichts von '68, eher erinnerte die grimmige Pose vieler Demonstrierender noch an Punk. ABB. 3

ABB. 3   Gegen Flugzeuge

Was bei der Betrachtung des Bildes hervorsticht, ist die bürgerliche Färbung des Partizipationsbegriffs. Jene, die gegen Planungshoheit und „Autorenherrschaft" demonstrieren, verfügen über privilegierte soziale und kulturelle Voraussetzungen. Der Politikwissenschaftler Joachim Detjen unterscheidet zwischen kognitiver, prozeduraler und habitueller Kompetenzen (Detjen 2002). Kognitive Kompetenz meint das Wissen um politische und gesellschaftliche Funktionszusammenhänge, die Kenntnis einschlägiger Politikfelder (Policy). Derart ausgestattete Bürger können zudem den „Sinn der

**ABB. 4** Fliegt im eigenen Jumbo: der Rapper Haftbefehl

institutionellen Arrangements" intellektuell nachvollziehen (ebd.). Unter prozeduraler Kompetenz versteht Detjen zum einen die Kenntnis von Abläufen politischer Entscheidungsprozesse, zum anderen die Ausstattung mit Fertigkeiten: Wie formuliere ich politische Ziele? Wie vertrete ich sprachlich und strategisch meine Anliegen gegenüber Verwaltung und Politik? Prozedurale Kenntnis und prozedurale Fertigkeiten bedingen sich also gegenseitig. Schließlich setzt politische Partizipation habituelle Kompetenzen voraus, zu denen Detjen „positive Einstellungen des Bürgers zu seinem Gemeinwesen" zählt (ebd.). Die habituellen Kompetenzen vergleicht Detjen mit „Tugenden" wie Rechtsgehorsam, Eintreten für die politische Ordnung, Toleranz, Fairness, Solidarität Schwächeren gegenüber, Gerechtigkeitssinn und dem Willen, zu partizipieren (ebd.). Unterbelichtet bleibt in diesem Zusammenhang der normative Charakter eines solchen Kompetenzmodells. Demokratische Stabilisierung wird hier ausschließlich innerhalb verfasster, institutionalisierter und konventioneller Partizipationsformen gedacht. Dass darüber hinaus auch die Verweigerung von Partizipation ein politisches Statement sein kann, muss ebenfalls berücksichtigt werden. **ABB. 4**

**FAZIT** Partizipation, also die faktische TEILHABE an wesentlichen räumlichen und baulichen Planungsentscheidungen, gehört zu den permanent gestellten Forderungen im politischen Diskurs sich emanzipierender Bürgergesellschaften. Die Vielschichtigkeit, die sich hinter diesem sehr prägnanten Begriff Teilhabe verbirgt, macht eine Institutionalisierung in Form einfacher politischer, verfahrenstechnischer oder rechtlicher Instrumente unmöglich, auch wenn dies gerne Forderung der Partizipationsbefürworter ist. Grund ist vor allem die Undefiniertheit des eigentlichen Subjektes, also die auf konkrete personenbezogene Identifikation der Akteure hinzielende Benennung der jeweils in Partizipation Einzubeziehenden. Noch schwieriger gestaltet sich die mit einer Partizipation unweigerlich einhergehende

Forderung nach MIT-VERANTWORTUNG, die sich durch den Anspruch auf MITSPRACHE unmittelbar verknüpfen muss – wir sprechen also von Herausforderungen demokratischer Politikentwicklung. Und dieser Prozess ist bereits im Gang, wenngleich meist noch als mechanisch ableistbarer Nachweis von Bürgerinformation und -abfrage, wie bei der Vergabe von Fördermitteln der EU.

Es sei daher ein bislang weitgehend unterbelichteter Aspekt einer sich entwickelnden Partizipationsgesellschaft benannt, der im Wesentlichen dafür verantwortlich sein wird, ob verstärkte Teilhabe auch zu einer Verbesserung von Planungsentscheidungen führen wird, denn hier gibt es keinen Automatismus. Es stellt sich die Frage nach der wachsenden Qualifikation der an Planungsprozessen Beteiligten als Voraussetzung für eine wachsende Qualität derselben. Hier öffnet sich ein unübersehbar weites Feld, das von der Qualifizierung der in politische Gremien gewählten Verantwortungsträger bis hin zur Präqualifikation von Teilnehmern in neugeschaffenen Partizipationsprozessen reicht. Und dies ist ein gesamtgesellschaftliches und überparteiliches Thema und keines, das sich in die Verantwortung einzelner Gruppen delegieren lässt: die eigentliche Voraussetzung von Inklusion.

**LITERATUR**

— DETJEN, JOACHIM. Leitbilder der Demokratie-Erziehung: Reflektierte Zuschauer – interventionsfähige Bürger – Aktivbürger. 2002. → Im Internet: http://www.bpb.de/veranstaltungen/dokumentation/130030/leitbilder-der-demokratie-erziehung-reflektierte-zuschauer-interventionsfaehige-buerger-aktivbuerger.html (Zugriff: 17.09.15).

— GEISSEL, BRIGITTE/PENROSE, VIRGINIA. Dynamiken der politischen Partizipation und Partizipationsforschung – Politische Partizipation von Frauen und Männern. 2003. In: gender ... politik ... online. → Im Internet: http://www.fu-berlin.de/sites/gpo/pol_sys/partizipation/Dynamiken_der_politischen_Partizipation/ geissel_penrose.pdf (Zugriff: 17.09.15).

— JACOBS, JANE. Tod und Leben großer amerikanischer Städte. Berlin: Ullstein 1963.

— LEGGEWIE, CLAUS. Mut statt Wut: Aufbruch in eine neue Demokratie. Hamburg: edition Körber-Stiftung, 2011.

— MIESSEN, MARKUS. Albtraum Partizipation. Berlin: Merve, 2012.

— SCHUBERT, KLAUS / KLEIN, MARTINA. Das Politiklexikon. 5., aktual. Aufl. Bonn: Dietz 2011. Zitiert nach: BPB – Bundeszentrale für politische Bildung, Partizipation. → Im Internet: http://www.bpb.de/nachschlagen/lexika/politiklexikon/17998/partizipation (Zugriff: 17.09.15).

— THIESEN, ANDREAS/GÖTSCH, MONIKA/KLINGER, SABINE. „Stars in der Manege?" Demokratietheoretische Überlegungen zur Dynamik partizipativer Forschung. In: FQS – Forum Qualitative Sozialforschung/Forum: Qualitative Social Research, 13 (1), Art. 4, 2012. URN: http://nbn-resolving.de/urn:nbn:de:0114-fqs120140 (Zugriff: 17.09.15).

— WELZER, HARALD. Was emanzipiert die Bürgergesellschaft? Eine Anleitung zum Widerstand. In: Forum Wohnen und Stadtentwicklung, H. 6, 2013.

**BILDQUELLEN**

— TABELLE nach Thiesen / Götsch / Klinger (2012)
— GRAFIK Roland Scherzer-Heidenberger
— ABB. 1 http://www.harmendehoop.com/index.php?category=painting&subject=basketball-court-4 (Zugriff: 16.09.15).
— ABB. 2 http://www.vamospanish.com/wp-content/uploads/2012/11/Puerto-madero-Buenos-Aires.jpg (Zugriff: 16.09.15).
— ABB. 3 dpa/dpa/DPA; Quelle: http://www.morgenpost.de/flughafen-berlin-brandenburg/article106109718/Tausende-protestieren-in-Schoenefeld-gegen-Fluglaerm.html (Zugriff: 04.01.16).
— ABB. 4 http://juice.de/wp-content/uploads/haftbefehl_juice133.jpg (Zugriff: 17.09.15).

# WARUM GÄRTNERN IN DER STADT POLITISCH IST

Christa Müller

Wenn man den Erfolg einer Bewegung an der Zahl seiner Gegenredner messen will, hat es die Urban-Gardening-Bewegung in den wenigen Jahren ihres Bestehens schon weit gebracht. Regelmäßig tauchen in den Feuilletons der Qualitätspresse hämische Anmerkungen über die Annektierung von Abstandsgrün durch allseits verhasste Latte-Macchiato-Mütter, die vor ihrer Haustür Ringelblumen pflanzen, was die Autoren ebenso lächerlich finden wie den Tomatenanbau auf dem Balkon. Wer Landlust verspüre, solle aufs Land gehen, meinen sie, die Stadt sei versiegelt, vergiftet, zugeparkt. Basta.

Die feuilletonistisch durchgestylten Kontrapositionen zu einem Phänomen, das sie nur vom Hörensagen kennen, übersehen dabei eins: Urban Gardening heißt gerade nicht Annektierung für private Nutzung, sondern freier Grünzugang für alle. Ungeachtet der zu recht kritisierten Neobiedermeier, die ihre Werkzeuge distinktiv dort kaufen, „wo es sie noch gibt, die guten Dinge": Fakt ist, dass die fast 500 urbanen Gemeinschaftsgärten im Bundesgebiet zu den wenigen Orten in der gentrifizierten Stadt gehören, an denen sich Menschen unterschiedlicher Sozialmilieus im öffentlichen Raum begegnen – und diesen mitgestalten. Damit sind Gärten innovative Beiträge zu einer Neuorganisation des Zusammenlebens in einer zunehmend auf Milieuabgrenzung setzenden Stadtgesellschaft, die immense Risiken produziert. Hierin liegt ihre Sinnressource, nicht in der durch den Autoverkehr womöglich bleibelasteten Karotte. ABB. 1/2

Unter dem Titel „Die Stadt ist unser Garten" haben Gemeinschaftsgärten ein Manifest veröffentlicht. Der markante Appell ist Ausdruck einer kollektiven Bewegung, die mit neuen Impulsen für die Zukunft der Städte auf sich aufmerksam macht. Das Manifest betont, wie wichtig ein frei zugänglicher öffentlicher Raum ohne Konsumzwang für eine demokratische Stadtgesellschaft ist. Es lässt keinen Zweifel daran, dass Urban Gardening mehr ist als die individuelle Suche nach einem hübsch gestalteten Rückzugsort. Mit dem gemeinschaftlichen Gärtnern formieren sich kollektive Formen, die als Teil einer erstarkenden Commonsbewegung in unseren Städten gelten dürfen. Wer das hier enthaltene politische Potenzial verniedlicht, versperrt sich selbst den Blick auf den gesellschaftlichen Wandel, der längst im Gange ist.

Nachdem seit Mitte der neunziger Jahre die ersten Interkulturellen Gärten, Kiezgärten, Selbsterntegärten und Nachbarschaftsgärten wie „Rosa Rose" in Berlin-Friedrichshain entstanden waren, trat 2009 mit dem Prinzessinnengarten eine auf mobilen und nomadischen Anbau setzende Freiflächenbespielung auf die städtische Bühne. Bald folgten aus Europaletten, Gummireifen, Industrieplanen und Bäckerkisten erbaute Gemeinschaftsgärten auf dem ehemaligen Flughafen Tempelhof, auf einem Hamburger Parkgaragendach, auf dem Gelände einer ehemaligen Kölner Brauerei oder auf Zwischennutzungsflächen in Leipzig und München. ABB. 3/4

ABB. 1

ABB. 2

ABB. 1 / 2   Gärten sind innovative Beiträge zu einer Neuorganisation des Zusammenlebens.

ABB. 3   Der „Gemeinschaftsgarten Allmende-Kontor" auf dem ehemaligen Tempelhofer Flughafen Berlin, heute Tempelhofer Feld, besteht seit 2011 und hat nunmehr 250 Hochbeete und über 500 MitgärtnerInnen.

ABB. 4   „Gartendeck" ist St. Paulis Urban-Gardening-Projekt mit Beeten in Bäckerkisten auf einem Parkgaragendach, Hamburg 2011.

ABB. 3

ABB. 4

Es sind gleich mehrere Phänomene, die mit der Bodenständigkeit des Gärtnerns bis dato noch nie in Verbindung gebracht wurden: Erstens die eigenwillige Entnahme von ausgedienten Materialien aus dem Alltagsleben der umgebenden Stadt, die umgedeutet werden. Upcycling, das bedeutet, Dinge wieder in Wert zu setzen, die gemäß der industriellen Logik verbraucht und wertlos sind, und zwar ohne dass Geld fließt. Zweitens ist die Bezugnahme auf Guerilla-Taktiken augenfällig. Mal bepflanzt man ohne Erlaubnis brachliegende Flächen oder Baumscheiben, mal wirft man Saatbomben in unwirtliches Gelände. Guerilla Gardening trägt dazu bei, gewohnte Blicke zu durchkreuzen und Gewohnheiten in der Wahrnehmung zu irritieren. Und genau damit öffnet sich der Blick auf die Stadt neu, sieht man eine Stadt, in der mitgestaltet und mitbestimmt werden kann. Mitbestimmung wird jedoch nicht, wie in den Vorgängergenerationen, lautstark oder durch offensive Parolen gefordert; die politischen Diskurse laufen nach dem dramatischen Scheitern der Großentwürfe von Gesellschaft nicht mehr über „große Erzählungen", sie setzen nicht mehr so sehr auf die Macht des Wortes, sondern vielmehr auf die Kraft der Zeichen, die geschickt gesetzt wer-

**ABB. 5** Nachbarschaftsgarten „TonSteineGärten" seit 2012 am Kreuzberger Mariannenplatz vor dem Georg-von-Rauch-Haus.

den. Ein drittes Phänomen ist das Hacken und die Umdeutung von Orten: Brachflächen, Parkgaragendächer und andere vernachlässigte Orte werden in eigener Regie in grüne, lebensfreundliche Umgebungen verwandelt. Dabei kommt dem Lebensmittelanbau eine besondere Bedeutung zu. Er dient auch dazu, die industrielle Nahrungsmittelproduktion und ihre Handelsketten zu hinterfragen. ABB. 5

Das vierte Phänomen ist die Betonung der Mobilität; der Anbau ist nomadisch, man hält sich die Option offen, mit den Kisten und Behältnissen umzuziehen und andere Orte zu begrünen. Die Umzüge erfolgen allerdings zunehmend weniger freiwillig. Ein fünftes Phänomen ist die Ausrichtung an sozialen Prozessen in den neuen Stadthabitaten. Urbane Gemeinschaftsgärten sind inklusiv, man will über die baulichen Settings und über die nichtkommerzielle Ausrichtung eine breite Vielfalt von Menschen zusammenbringen. Viele Projekte verstehen sich auch als Lern und Bildungsräume. Man bringt sich gegenseitig etwas bei. Ein sechstes Phänomen ist die Ästhetik. Die Projekte entstehen als Hybridräume. Die Akteure mixen unbekümmert großstädtische mit kleinbäuerlichen Ästhetiken. Da steht die Kräuterspirale aus der Permakultur neben Beeteanordnungen aus der Tradition des mitteleuropäischen Bauerngartens und Europalettenbeeten, und Vertical Farming-Elemente aus leeren Plastikflaschen finden sich zwischen Kartoffelpflanzen in Reissäcken und Petersilie in Tetrapacks. Nicht zuletzt wegen dieser bewusst produzierten Irritationen und Reibungen belegt die Gartenbewegung seit Jahren einen Spitzenplatz in der Aufmerksamkeitsökonomie. Das Themenfeld Gärtnern und Subsistenz, jahrzehntelang belegt mit Knappheitsdiskursen und dualistischen Modernisierungsvorstellungen, wird relaunched.

**LITERATUR**
— CHRISTA MÜLLER, HG. Urban gardening: Über die Rückkehr der Gärten in die Stadt. München: Oekom Verlag, 2011.
— ANDREA BAIER, CHRISTA MÜLLER, KARIN WERNER. Stadt der Commonisten: Neue urbane Räume des Do it yourself. Bielefeld: transcript, 2013.

**WEBSITES**
→ www.anstiftung.de
→ www.urban-gardening.eu

# MADRID RÍO, A SINGULAR URBAN OPERATION

Emilio Martinez Vidal

**GENERAL ASPECTS** The unique scheme that culminates in the creation of the Madrid Río Park actually comprises two related projects: M-30 and Madrid Río. Either cannot be understood individually. The Project M-30 covers the 32 km of the innermost motorway ring of Madrid with the longest urban tunnel in Europe. It was developed between 2003 and 2007. It was a huge and expensive operation. The result is a road with great functional improvement and the emergence of a free surface of 110 hectares along the river, ready to become a River Park. The Madrid Rio project covers a 6 km long area. It was developed between 2007 and 2011. It is a more modest project and it was not very expensive. It consists of a long landscape park along the river Manzanares and stretches over the 110 hectares free area reclaimed for the city by the project M-30.

Before realizing these projects, the M-30 was congested with daily traffic jams and it was a dangerous place. The river section of the road was a real barrier for citizens, a negative line dividing the territory in two different cities. Now, the M-30 offers better functionality and the River Park is a positive line, a central place with recreational, cultural and sporting activities, which gives the urban fabric continuity and helps to rebalance the city.

**THE GENESIS OF THE PROJECT** In 2003, the city of Madrid held municipal elections. Mr Gallardón, candidate of the party of the right, PP, proposed to improve the M-30 road with high investment. He introduced this project as his star project in his electoral program. The M-30 had been built in the 1970s as a ring road that should prevent traffic from passing through the city centre. Designed in the 1940s as a road located outside of the city it is now situated between consolidated districts, creating a barrier between them. In 2003 it showed poor maintenance, daily traffic jams and high accident rates. The idea was to re-arrange that ring which had become a separation line between the outer city (car traffic) and the inner city (public transport, pedestrian and cycle mobility).

Mr. Gallardón won the election and his team started to work immediately, but they did not consider it necessary to create new processes of information and consultation with citizens, who had mostly voted for his proposal. Much debate was generated among the opposition parties and civic institutions about the requirement of public participation for a project of this importance. The municipal government team was jumping a necessary process. But the Mayor knew that the project could not be built in the four years of his mandate if he started a process like that.

A Citizen Commission was created to calm the unrest prevailing among the opposing political parties, the colleges of architects and engineers and civic institutions. The discussions were intense. The municipal government team wanted to build the tunnels to the sides of the river, and a few other works of improvement of the M-30 road. These are public works which were proposed on land owned by the city and this can be done, according to Spanish law, with a simple public information of 15 days. On the other hand, some groups of citizens wanted the new River Park to become the result of a consensus process.

Finally an agreement was reached: the Mayor could build the tunnels and the design of the recovered surface would be developed and controlled by the Citizen Commission. A schedule was set for this process: 1. International idea competition, 2. Drafting of a Special Plan designed by the winning team of the competition, 3. Implementing this Special Plan, in accordance with the law, including the required information periods.

During the period 2003–2007 both projects were developed at the same time: the M-30 tunnels and the planning of the area agreed by the Commission. In this process two successive competitions were organized. In the first and free competition, two winners were designated. These two winners entered the second competition, along with big names in international architecture who were also invited to participate like Norman Foster, Peter Eisenman, Herzog & de Meuron, Dominic Perrault and others. This second contest was won by one of the winners of the first: the team for the design of the new urban area Madrid Rio was formed by three Spanish architecture offices Burgos & Garrido Arquitectos Asociados, Porras La Casta Arquitectos and Rubio & Álvarez-Sala as a joint venture called MRIO arquitectos and a fourth Dutch architecture office West 8. **ABB. 1–5**

In 2003, the tunnels were opened and citizens were amazed that it worked. Gallardón was invited to a second mandate and won again due to a greatly increased number of votes. Then the second part of the project on the river started with the Special Plan, public information and the construction of the garden, which was finished in 2011.

**ABOUT THE CITIZEN PARTICIPATION** We have to distinguish between the two projects that have been mentioned. In 2003 the new Mayor decided to start the M-30 project without citizen participation, because the debate had taken place already during the preceding election campaign. His team knew that public participation would make it impossible to complete the project in four years. However, citizens reminded him that this was unacceptable and did not comply with public information rules.

The route of the M-30 was divided into 17 sections, each with a different contract. Each of the 17 sections was required to have an information point with related work places. These posts were served by young people trained to explain the design and to show the drawings of the project using also audiovisual equipment. In these information points the citizens found all the details of the program.

After 2007, the situation was different. The Mayor wanted to have maximum participation and constituted a special information and participation team, who managed the entire process. A corporate e-mail service answered the complaints of the citizens in less than a week. With the approval of the Special Plan in February 2008 a large central exhibition was installed,

**ABB. 1–5** The master plan for the reclaimed riverbanks and the new urban area Madrid Rio was designed by MRIO arquitectos, a joint venture of three Madrid based firms, and by Dutch architects during the construction period.

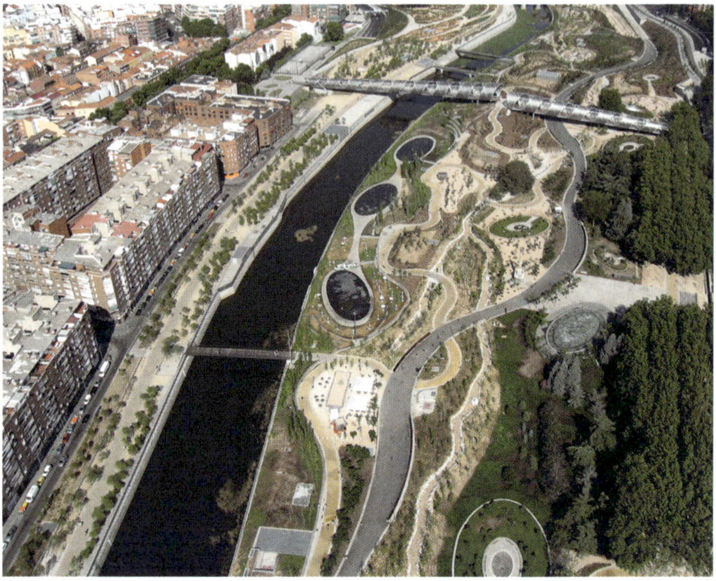

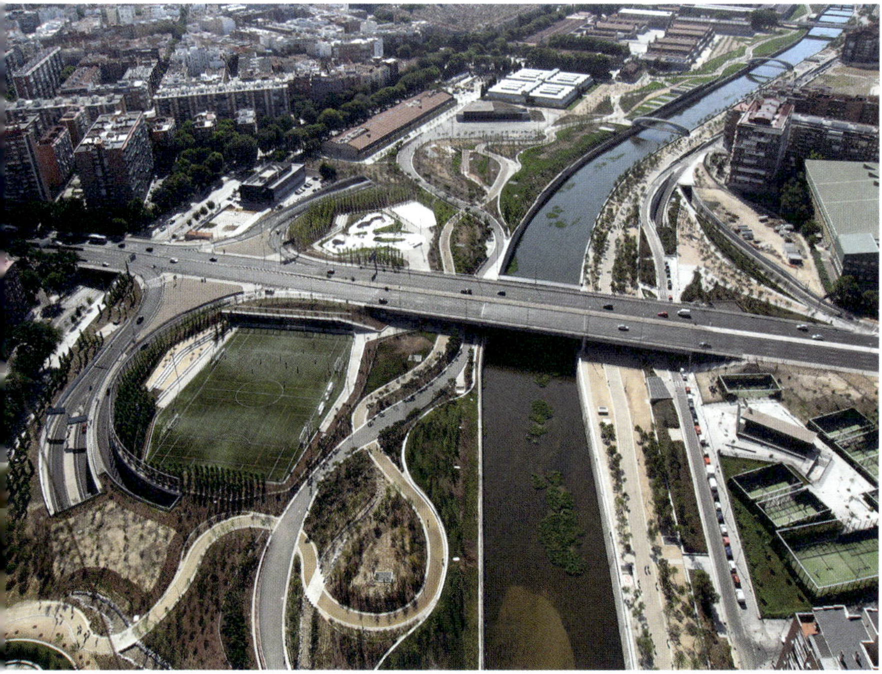

which served as public information for two months. In this period nearly 4.000 proposals of citizens were collected.

Conferences and debates with citizens were organized to remain in constant contact to neighborhood associations and to present the project to the regional councils of the districts. Citizens were invited to guided tours of the exhibition as well as were students in most of the schools of the neighboring districts. A competition of ideas among the students of Madrid was organized and several prizes were awarded. As a result of this process, the city government learned about the expectations of the citizens.

One of the most particular points of the project is the absence of buildings for lucrative purposes which could have served to recover a part of the committed investment. The whole ground along the river was devoted as a public space with green areas and sports facilities which can be used by the citizens. In accordance with the opinions of the citizens, these facilities include a skate park, a circuit for bicycles BX, a climbing center, two centers for paddle tennis and tennis, a football field and multiple tracks. All these facilities were designed with the help of the federations for each type of sport and the according managements gave their concession. Access charge is similar to public facilities and in some cases, facilities are free of charge. A maintenance company, also appointed by the competition, takes care of the gardens.

Especially on the weekends, the River Park is now crowded with pedestrians, cyclists, skaters, runners and users of the various services and facilities. There are eight bars and two restaurants, which are managed by private companies. The garden security is safeguarded by the municipal police. It is a safe space even at night. In conclusion, Madrid Rio is now realized and it proved to be a successful project that has created a green area in the middle of a dense neighborhood, through which thousands of people are walking, cycling, jogging and skating. This project has generated a debt that the city can afford. The population quickly accepted this space, whose genesis was only partly an example of participation. The public pressure was transformed into an urban showcase to be proud of.

**WEBSITES**

→ www.madrid.es/UnidadesDescentralizadas/ProyectosSingularesUrbanismo/MadridRio/J_Multimedia/FolletoMadridRio.pdf (Zugriff: 15.12.15)

→ www.nytimes.com/2011/12/27/arts/design/in-madrid-even-maybe-the-bronx-parks-replace-freeways.html (Zugriff: 15.12.15)

# URBANE
# INTERVENTIONEN
# ISTANBUL

Moritz Ahlert
Friedrich von Borries
Jens-Uwe Fischer

Aus der Ferne beobachteten wir die Gezi-Proteste im Sommer 2013. Die umfangreiche mediale Berichterstattung zeigte eine Massenbewegung, in der Kunst und Kreativität eine große Rolle spielten. Dabei kamen drei für das Verständnis von urbanen Interventionen wichtige Parameter – neoliberale Stadtentwicklung, auf urbanen Raum bezogene Kritik und politisch-progressive künstlerische Praxen – in exemplarischer Weise zusammen. Ein halbes Jahr später kamen wir nach Istanbul und schweiften dort herum. Unser Bild der Stadt und der Gezi-Proteste ist somit touristisch, subjektiv und geprägt von Gesprächen mit Menschen, die in die Proteste involviert waren.

Die Megacity Istanbul befindet sich in einem rapiden Transformationsprozess. Touristifizierung, Immobilienspekulation, Vertreibung und Segregation: Die Stadt ist ein Labor des Neoliberalismus, Anzahl und Größe der Bauprojekte sucht in Europa seinesgleichen. Gigantische Stadtentwicklungsprojekte werden autoritär durchgesetzt. Überall schießen Shopping Malls und Bürotürme, innerstädtische Gated Communities und periphere Plattenbausiedlungen in die Höhe. Öffentliche Räume, gewachsene Viertel, ansässige Bewohnerinnen sowie Umweltschutz spielen dabei keine Rolle.

Vor diesem Hintergrund ist der Gezi-Protest zu betrachten, der kein singuläres Phänomen, sondern Ausdruck sozialer Kämpfe ist, die weit vor 2013 begannen. Als Kritik an der herrschenden Politik und zum Selbstschutz organisierten sich in verschiedenen Stadtteilen Istanbuls Bewohnerinnen gemeinsam mit Unterstützerinnen aus Politik, Wissenschaft, Kunst und Kultur. Ein aktives Netzwerk entstand, dessen Aktivitäten die Basis für die Proteste des Sommers 2013 bildeten.

Kunst, die den geschützten Ausstellungsraum verlässt und in die Realität der Stadt eingreifen will, ist auch in Istanbul nichts Neues. Bereits 1995 zeigte die Istanbul Biennale, eine der wichtigsten weltweit, die Arbeit „Plakatwand" von Maria Eichhorn. Auf dem geschichtsträchtigen Taksim-Platz installierte die Künstlerin eine Plakatwand mit Plakaten von Istanbuler Menschenrechtsinitiativen und NGOs. Seit Beginn des 21. Jahrhunderts engagieren sich viele Künstlerinnen und Akademikerinnen gegen die sozialen Verwerfungen infolge des radikalen Stadtumbaus, „gehen dazwischen", betreiben Aufklärungsarbeit, urbane Pädagogik – wie die Künstlerinnengruppe Oda Projesi. Kunst wurde eine Waffe zum Schutz der Stadtbewohnerinnen, wie im Falle des von Abriss bedrohten bzw. abgerissenen historischen Viertels Sulukule. Die Interventionen der 2000er Jahre führten zu einer Vernetzung von Kulturschaffenden, Künstlerinnen, Aktivistinnen, Nachbarschaftsorganisationen und Stadtbewohnerinnen. Auch die Istanbul Biennale 2013, die im Herbst des Jahres beginnen sollte, beabsichtigte mit künstlerischer Interventionen im urbanen Raum die neoliberalen Stadtentwicklung zu kritisieren. Doch die professionelle Kunst wurde von der Realität überholt...

**ABB. 1**  Die Rap-Crew Tahribat-ı Isyan „Aufstand gegen die Zerstörung" wurde 2008 von drei Teenagern aus dem Viertel Sulukule und einem benachbarten Viertel gegründet. In ihren Texten setzten sie sich kritisch mit dem Abriss von Sulukule und der damit verbundenen „Auslöschung" der Romakultur auseinander.

**ABB. 2**  Ein Parkbesetzer der „ersten Stunde" war Sırrı Süreyya Önder. Bei einer Protestaktion am 28. Mai stellte Önder sich direkt vor einen der Bagger. Es entstand ein Bild, das den symbolischen Kampf von Mensch gegen Maschine illustrierte.

**ABB. 3**  Am 28. Mai 2013 war auch die Stadtplanerin Ceyda Sungur im Gezi-Park. Ein Agenturfotograf hielt den Moment fest, in dem ihr ein Polizist Tränengas aus nächster Nähe direkt ins Gesicht sprühte. Der Künstler und Grafiker Murat Basol war einer der Ersten, der das Foto künstlerisch verarbeitete: Lady in Red.

**ABB. 4**  Das Yeldegirmeni Solidarität Nachbarschafts-Forum besetzte einen leerstehenden Rohbau. Das erste offiziell besetzte Haus Istanbuls befindet sich in einem Kiez, der Yeldegirmeni (Windmühle) genannt wird. Aufgrund des Kampfes gegen die gnadenlose Maschine erhielt das Hausprojekt den Namen: „Don Quijote".

Ende Mai 2013 besetzten Stadtaktivistinnen den Gezi-Park und ließen sich trotz Polizeigewalt nicht vertreiben. Aus den im Park verstreut stehenden Zelten entwickelte sich eine kleine selbstverwaltete Stadt. Eine tolerante und solidarische Gemeinschaft entstand, die einen öffentlichen Raum produzierte, der als radikaler Gegenentwurf zur privatwirtschaftlichen Nutzung des Territoriums und zum kapitalistischen System angesehen werden kann. Kritik, Ängste und Hoffnungen der Stadtbewohnerinnen fanden damit ihren Ausdruck im urbanen Raum. Kunst, Kreativität und Performances wurden zu einem Teil des alltäglichen Lebens, Kunst löste sich in der greifbar scheinenden besseren Welt auf. Nach gut zwei Wochen wurden der Gezi-Park und der Taksim-Platz geräumt. Im ganzen Land hatten sich dreieinhalb Millionen Menschen an den Gezi-Protesten beteiligt, unzählige waren verhaftet, ungefähr 8.000 teils schwer verletzt wurden und es hatte mehrere Tote gegeben. Trotz allem geht der neoliberale Stadtumbau weiter und die AKP gewann die kommenden Wahlen.

Ist Gezi gescheitert? Beendet? Oder was erreichten die künstlerischen Interventionen? Was kann Kunst überhaupt gegen gewaltbereite Sicherheitskräfte und einen nicht kompromissbereiten Staat ausrichten? Das Istanbuler Beispiel zeigt, dass die Wirksamkeit von urbanen Interventionen sich nicht an unmittelbaren Erfolgen bemessen lässt. Das Erlebnis von Gezi und der darauf folgenden Gesprächsforen in unzähligen türkischen Parks ließen eine Utopie aufschimmern, die die teilnehmenden Menschen bestärkte, sich für eine bessere Zukunft einzusetzen. Und so lebt der „Geist von Gezi" im stärkeren politischen und sozialen Engagement und vielen neuen Projekten auf der Mikroebene weiter – nicht zuletzt im Komsu Kafe Kollektiv oder in der Kazova-Textilfabrik, die deren Arbeiterinnen am 28. Juni 2013 – bestärkt durch Gezi – besetzten. Seither produziert das „Freies Kazova Textilien-Kollektiv" selbstverwaltet.

Wie es in Istanbul weitergeht, ob sich alternative Strukturen verfestigen und diese mittelfristig die Gesellschaft verändern, ist ungewiss. Dennoch sind urbane Interventionen nicht nur ein adäquates, sondern oft leider das einzige Mittel, um zivilgesellschaftliche Interessen gegenüber den Bereichen Politik und Wirtschaft zu behaupten – und selbst wenn sie „scheitern": Interventionen produzieren einen utopischen Überschuss, machen Wünsche bewusst, führen zu neuen Interventionen...

**LITERATUR**
— FRIEDRICH VON BORRIES, CHRISTIAN HILLER, DANIEL KERBER, FRIEDERIKE WEGNER, ANNA-LENA WENZEL. Glossar der Interventionen: Annäherung an einen unterbestimmten, aber überverwendeten Begriff. Berlin: Merve, 2012.
— FRIEDRICH VON BORRIES, CHRISTIAN HILLER, FRIEDERIKE WEGNER, ANNA-LENA WENZEL. Urbane Interventionen Hamburg. Berlin: Merve, 2014.
— FRIEDRICH VON BORRIES, MORITZ AHLERT, JENS-UWE FISCHER: Urbane Interventionen Istanbul: Learning from Gezi-Park. Berlin: Merve, 2014.

**WEBSITES**
→ www.hfbk-hamburg.de/de/aktuell/projekte/urbane-interventionen

GESPI

RÄCHE

# PARTIZIPATION IN LEIPZIG

Norma Brecht
Dorothee Dubrau
Angelika Kell
Verena Landau

In einem Gespräch mit verschiedenen Akteuren wie Politikerin, Bürgerin und Aktivistin wurden die Potenziale und Grenzen von Partizipation in Leipzig erörtert. Vier Leipzigerinnen erläutern ihre Position und ihr Engagement für die Stadt: Norma Brecht diskutiert Theorie und Praxis des Netzwerkes „Leipzig – Stadt für alle", Dorothee Dubrau beschreibt das breite Band der Bürgerbeteiligung der Stadt Leipzig, Angelika Kell stellt die Stiftung „Bürger für Leipzig" als partizipative Praxis vor und Verena Landau präsentiert künstlerische Interventionen als Stadt-Wahrnehmung und Aneignung. Die Fragen zu bürgerschaftlichem Engagement und gesellschaftlicher Relevanz von Partizipation als Sicherung des Sozialen Kapitals einer Stadt stellten Annette Menting und Walter Prigge.

→ **NORMA BRECHT**
Aktivistin im Netzwerk „Leipzig – Stadt für alle"

**Welche Rolle hat Partizipation zwischen Struktur (Stadt – Globalität) und Projekt (Quartier – Lokalität) für das Netzwerk?**

→ Hinter der Idee der „Stadt für alle" steckt eine globale Kritik und lokale Forderung zugleich. Weltweit organisieren und vernetzen sich Menschen, unter diesem Motto „Recht auf Stadt" und berufen sich auf diesen von Henri Lefebvre beschriebenen Grundgedanken aus dessen gleichnamigem Buch. Darin beschreibt er die Urbanisierung der Gesellschaft nach der Industrialisierung und deren Folgen. Aufgrund des Bevölkerungswachstums in den Städten stieg auch zunehmend die Nachfrage nach Wohnraum. Die gleichzeitige kapitalistische Verwertung dieser Nachfrage wird zur Grundlage der Kritik der sozialen Bewegungen. Denn Recht-auf-Stadt-Gruppen formieren sich häufig dann, wenn Aufwertung und Verdrängung von Menschen Hand in Hand zu gehen scheinen. In vielen europäischen Großstädten kritisieren Gruppen den Austauschprozess von armen und reichen Stadtbewohner_innen in ihren Vierteln.

„Stadt für alle" ist also eine radikale Gesellschaftskritik und bietet gleichzeitig eine Alternative an: Sie ist ein Vorschlag für eine Veränderung und für ein alternatives Lebens im Gegensatz zur neoliberalen Stadt. Denn unabhängig von der sozialen, nationalen Zuordnung, Einkommen, Milieu, etc. steht allen das Recht an der Stadt teilzuhaben zu. Weil Wohnraum lokal organisiert wird, handeln wir von „Leipzig – Stadt für alle" lokal. Die Gruppe beobachtet und kommentiert Leipziger Stadtpolitik, macht auf Verdrängungs- oder Entmietungsprozesse aufmerksam und unterstützt betroffene Mieter_innen. Auf Infoveranstaltungen, in Stellungnahmen und auf Stadtfesten stellen wir unsere Perspektive auf die Stadt und Stadtentwicklung dar und beschreiben Alternativen zur aktuellen Wohnungs- und Stadtentwicklungspolitik.

**Was sind die Vor- und Nachteile informeller Netzwerke wie „Stadt für Alle"?**

→ Für Partizipation muss man als Akteur sichtbar sein, um somit Themen sichtbar zu machen. Wir von „Leipzig – Stadt für alle" sind als Akteure sichtbar und sprechfähig. Das ist auf der einen Seite positiv, weil es für uns einfach ist, mit Pressemitteilungen oder Stellungnahmen öffentlich Positionen zu formulieren. Aufgrund des Hintergrundes der einzelnen Gruppenmitglieder wissen wir, welche Sprache und welchen Habitus es bedarf, um politisch auf kommunaler Ebene gehört zu werden. Das bedeutet aber nicht, dass alle, die das Thema betrifft, auch sichtbar sind. Denn diese Form von Politarbeit ist oft Freizeitarbeit – das heißt, meistens beteiligen sich Menschen mit gesichertem Einkommen oder mit einem hohen sozialen Kapital an politischen Diskussionen. Unsere Aktionsform ist das gesprochene und geschriebene Wort.

**Leipzig wächst, wo ist in welchen Formen intensivierte Partizipation gefordert?**

→ Wir glauben, dass Partizipation und politisches Einmischen vor allem dann funktioniert, wenn man sich mit anderen zusammenschließt um Forderungen zu stellen. In Leipzig werden sich die Fälle von Entmietung und Verdrängung vermutlich häufen und da bedarf es einer Institution, die die Mieter_innen nicht nur im Einzelfall, sondern politisch strukturell vertritt. Außerdem wird es wichtig bleiben, sich in die Diskussion um eine soziale Wohnungspolitik einzumischen.

→ **DOROTHEE DUBRAU**
Bürgermeisterin und Dezernentin für Stadtentwicklung und
Bau der Stadt Leipzig

**Welche Rolle hat Partizipation zwischen marktwirtschaftlich gesteuerter Stadtentwicklung und ziviler Gesellschaft?**

→ Die zukunftsfähige Entwicklung Leipzigs birgt viele Herausforderungen, die wir nur mit der Einbindung der Bürgerinnen und Bürger zufriedenstellend meistern können. Der Ausgleich von unterschiedlichen Interessenslagen und überhaupt das Verständnis der Sichtweise anderer Akteursgruppen als der eigenen, ist nur über gemeinsame Diskussionsprozesse möglich. Partizipation bedeutet daher auch nicht nur die Beteiligung der Bürgerschaft. Partizipation bedeutet alle von einem Thema betroffenen Akteure – die Wirtschaft, die Politik, die Verwaltung sowie die Bürgerschaft – mitzunehmen. Nur so können die Zielkonflikte und unterschiedliche Interessen transparent gemacht und zukunftsfähige Lösungen gemeinsam ausgehandelt werden.

Beispiele für die Umsetzung dieses Ansatzes gibt es in Leipzig viele: So wurden beim Umbau der Karl-Liebknecht-Straße in einem umfassenden Beteiligungsprozess selbstverständlich auch die Gewebetreibenden der Straßen in einem Beirat zusammen mit allen weiteren Betroffenen ins Boot genommen. Beim Anfang 2014 begonnen Beteiligungsprozess zur Aktualisierung des wohnungspolitischen Konzepts wurden neben den Bürgerinnen und Bürgern auch Genossenschaften, die LWB, private Eigentümer, Verbände, der Mieterverein, die Verbraucherzentrale, Makler, Initiativen und Baugruppen und eine Bank einbezogen. Ergänzt wurden diese Perspektiven durch Expertinnen und Experten aus Wissenschaft und anderen Kommunalverwaltungen. Den aus diesem Prozess entstandenen Entwurf wird nun der Stadtrat diskutieren und – so oder mit seinen Veränderungen – beschließen. Auch das ist Teil der Gestaltung von Partizipation: die jederzeit klare Transparenz, wer welche Gestaltungs- und Entscheidungsmöglichkeiten hat. Zum Schluß ist es in der Regel die kommunale politische Vertretung, welche die Beschlüsse fassen muß. Was wiederum u.a. bedeutet, dass die Lokalpolitik in die Beteilgungsprozesse eingebunden sein und sie deren Ergebnisse ernst nehmen muss.

**Gibt es einen Eigensinn der Bürgerstadt Leipzig? Sehen Sie Unterschiede zwischen Berlin und Leipzig?**

→ Leipzig als Bürgerstadt nahm im Verlauf der Friedlichen Revolution und des demokratischen Aufbruchs im Herbst 89 eine wichtige Schlüsselrolle ein, weil die hier lebenden Menschen die Entwicklung ihrer Stadt seit jeher aktiv mitgetragen haben und mitgestalten wollen. Das zeigt auch die große Landschaft von mehr als 1.500 Vereinen, Verbänden, Selbsthilfegruppen oder Bürgerinitiativen in der Stadt. Einerseits beteiligen wir als Stadtverwaltung in Planungsprozessen auf Stadtteilebene z. B. dort ansässige Bürgervereine, andererseits gibt es immer wieder Impulse und Projekte, die aus der Bürgerschaft selbst vorgetragen werden. Bei zwei laufenden Projekten wird dies besonders deutlich. So steht der „Bürgerbahnhof Plagwitz" für ein Engagement von unten. Auf dem ehemaligen Güterbahnhofsgelände entsteht seit ein paar Jahren nach und nach ein lebendiger, lebenswerter Ort. Initiator und Prozessgestalter ist die „Initiative Bürgerbahnhof Plagwitz", der Anwohner, Kulturschaffende, Gewerbetreibende und Vereine angehören. Ähnlich wird der „Parkbogen Ost", ein fünf km langer Fußgänger- und Fahrradweg mit Freiflächen, von der gleichnamigen Initiative forciert und seit 2013 in einer AG gemeinsam mit städtischen Ämtern, Privatpersonen, Vereinen und Unternehmen geplant.

Wenn es einen Unterschied zu Berlin gibt, dann ist es vielleicht eher einer zwischen dem „alten", westlichen Berlin und Leipzig, denn in den östlichen Bezirken Berlins habe ich gleiches wie hier empfunden: eine tendenziell noch stärkere Bereitschaft, einen gemeinwohlorientierten Diskurs zu führen und nicht die eigenen Partikularinteressen über alles zu stellen. „Suchet der Stadt Bestes" und nicht nur das persönlich Vorteilhafteste – dass empfinde ich oft als gelebte Leipziger Bürgerhaltung.

**Leipzig wächst, wo sind in welchen Formen intensive Partizipationen gefordert?**

→ Bei Projekten und Konzepten von stadtweiter Bedeutung, der Stadtteilentwicklung in den Schwerpunkträumen sowie bei wichtigen Zukunftsfragen ist die Beteiligung der Bürgerinnen und Bürger heute – mehr denn je – unverzichtbar. Mit einer immer weiter verbesserten Beteiligungskultur, wie wir sie in unserer Stadt unter der Dachmarke „Leipzig weiter denken" praktizieren und fortentwickeln, wird je nach Bedarf die passende Form der Beteiligung ausgewählt. Dem dient auch der derzeit anlaufende Bilanzierungsprozess zur Bürgerbeteiligung von 2012 bis 2015 in Leipzig. Geplant ist dabei eine Bestandsaufnahme und Stärken-/Schwächen-Analyse, eine Bewertung von innovativen Modellen systematischer Bürgerbeteiligung in anderen deutschen Städten, die Ableitung von Handlungsempfehlungen und anschließend deren Diskussion in einer Stadtwerkstatt. Im Ergebnis wird dem Stadtrat eine Beschlussvorlage zur weiter verbesserten Handhabe der Bürgerbeteiligung vorgelegt.

Auf konkreter Ebene haben wir in den nächsten Jahren verschiedene Bereiche, zu denen wir intensiv beteiligen wollen. Ab Herbst 2015 werden wir gemeinsam mit Bürgerinnen und Bürgern die Aktualisierung des übergreifenden Integrierten Stadtentwicklungskonzepts diskutieren, um die Leitlinien für die gewollten Entwicklungen in der Zukunft festzulegen. Dazu kommen Einzelthemen wie der in großem Umfang notwendige Schulbau, die mit der Öffentlichkeit diskutiert werden. Ein Beispiel ist hier die Sanierung und der Umbau der Schulgebäude in Leipzig-Schönefeld. Hier nutzen wir innovative Methoden, um mit den Kinder und Jugendlichen sowie den Eltern z. B. die Schulhöfe, die Freiflächen, aber auch die Reaktivierung von Gebäuden und den Neubau zu gestalten.

→ **ANGELIKA KELL**
Vorstandsvorsitzende der Stiftung „Bürger für Leipzig"

**Wie sehen Sie das Verhältnis von partizipativer Stadtentwicklung und institutioneller Stiftung?**

→ Die Stiftung Bürger für Leipzig wurde 2003 von rund 50 Bürgerinnen und Bürgern der Stadt als Gemeinschaftsstiftung gegründet. Die Stiftung ist im elften Jahr ihres Bestehens auf 111 Stifter gewachsen. Das Stiftungsvermögen liegt bei 240.000 Euro – und soll natürlich weiter wachsen. Die Gründer/innen verbindet der Wunsch, in einer solidarischen und integrativen Stadtgesellschaft zu leben. Die Stifter verstehen sich als Teil einer engagierten Bürgerschaft, die sich mit Zeit, Geld und Ideen zum Wohl der Stadt einbringt. Engagement zu bündeln heißt hier auch Ressourcen zu bündeln: Bürgerstiftungen verstehen sich als Dach für Stiftungen bürgerlichen Rechts, die von Bürger/innen der Stadt in Zukunft errichtet werden.

# Die Wunder Finder

Die Stiftung Bürger für Leipzig selbst basiert auf einer partizipativen Idee. Jede Stifterin und jeder Stifter ist mit einem ähnlichen Vermögenswert an der Errichtung der Stiftung beteiligt. Demokratisches, transparentes Handeln ist in Bürgerstiftungen explizit erwünscht (was über die basalen Anforderungen des Stiftungsgesetzes weit hinausgeht). In der jährlichen Stifterversammlung, zu denen auch die Bürgerschaft eingeladen wird, ist es gute Tradition, die Grundrichtung der Stiftungsarbeit zu diskutieren und die Gremien der Stiftung zu wählen.

**Steht die Stiftung „Bürger für Leipzig" in der Tradition der Bürger-Stadt Leipzig?**

→ Die Stiftung Bürger für Leipzig stellt sich bewusst in die Tradition der Leipziger Stiftungsgeschichte. Um die Jahrhundertwende zählte das Leipziger Stifterhandbuch über 1.000 Stiftungen. Heute existieren nur noch knapp über einhundert. Ein Grund für die (abgebrochene) Entwicklung der Stiftungen war, dass während der Weltwirtschaftskrise 1929 die Stiftungsvermögen entwertet wurden, die meisten jüdischen Stifter den Holocaust nicht überlebten. Während der nationalsozialistischen Diktatur wie auch in der folgenden DDR-Zeit war die Errichtung von Stiftungen explizit verboten. Erst nach 1990 gibt es wieder eine formelle Rechtsgrundlage für die Errichtung von Stiftungen und damit auch für deren Funktion, sich in aktiv die Stadtentwicklung einzubringen.

Stiften heute heißt, den Bürger/innen zeitgemäße Formen stifterischen Engagements anzubieten. Es ist gute Leipziger Tradition, dass Bürger/innen die Geschicke der Stadt mit in die Hand nehmen. Während allerdings im 19. Jahrhundert Industrielle und Bankiers den Grundstock für Museen, Parks, Bibliotheken oder Krankenhäuser gestiftet haben, werden heute deutlich „kleinere Brötchen gebacken". So brauchte es 600 Rosenpaten, um ein historisches Beet im Mariannenpark wieder herstellen zu können. Um für sozial benachteiligte Kinder außerschulischen Musikunterricht zu finanzieren, sind hunderte von Spendern als Geldgeber gefragt.

**Verstehen sich die Stiftungsprojekte als Anstiftung für neue kommunale Projekte?**

→ Wenngleich sich Stiftungen ähnlich vielen Vereinen als Dach für Engagement verstehen, ist ein solider staatlicher Rahmen unverzichtbar. Stiftungen wollen und können in einem zunehmend löchrigen Wohlfahrtsstaat keine Lückenbüßer sein. Sie können Impulse für innovative Lösungen geben, aber keine „Flächenversorger". Sie können und sollen gesellschaftliche Defizite ansprechen und mit der Bürgerschaft nach Lösungen suchen – aber sie ersetzen nicht das Handeln von Stadträten oder Verwaltung.

→ **VERENA LANDAU**
Künstlerin und Mitbegründerin Zentrum für Partizipatorische Kunst Pöge Haus e. V.

**Wie beschreiben Sie die Rolle von Partizipation zwischen Wahrnehmung und Gestaltung von Stadt?**

→ Als Künstlerin, die sich im Widerspruch zwischen Malerei und kritischer Kunstpraxis verortet, beschäftige ich mich zum einen mit einer eher beobachtenden Wahrnehmung von urbanem Raum und den sozialen Beziehungen in diesem. Zum anderen involviere ich mich in städtische Diskurse. 2013 nahm ich an einem Kunstprojekt im öffentlichen Raum teil, das sich kritisch mit den Formen des Gedenkens der Völkerschlacht auseinandersetzte: „fireworks & smokebombs. 1813_1913_2013: Erinnerung, Kunst, Kontroversen" (Engagierte Wissenschaft e.V. / Leipziger Kreis. Forum für Wissenschaft und Kunst, fireworksandsmokebombs.de). Ich führte eine Promotion-Aktion durch mit einem selbst gestalteten Werbetruck für die geplante EURO::ARENA im Völkerschlachtdenkmal und stellte damit die Frage, ob diese dystopische Fiktion nicht bereits von der Wirklichkeit überholt wird. Meine partizipatorischen Ansätze bestehen vor allem darin, dass ich verstärkt Kooperationen suche mit Wissenschaftler_innen, Aktivist_innen und sozialen Initiativen.

**Erhöht Partizipation die Qualität von Gestaltung?**

→ Ich denke nicht, dass Partizipation ein Allheilmittel ist. Markus Miessen, bezeichnet sie in seinem Buch „Albtraum Partizipation" (Berlin: Merve 2012) gar als „Beruhigungspille". Sehr oft haben wir es mit einer Pseudo-Partizipation zu tun, bei der durch Konsensbildung die Übernahme von Verantwortung, Konfliktpotentiale und letztlich das Überraschende verhindert werden. Dies kann zu mittelmäßigen Gestaltungen führen, sei es in der Kunst, sei es in der Bildung von Gemeinschaften. Partizipation ist auch für das Pöge-Haus, dessen Kulturverein ich mit gegründet habe, immer wieder eine Herausforderung. Das Pöge-Haus steht für eine lebendige Interaktion und einen gemeinsamen Diskurs über das kulturelle Leben im Stadtteil (verein.pöge-haus.de). Diesem Anspruch annähern konnten wir uns u. a. durch die Ausstellung „Kunst und Willkommenskultur zwischen Exil und Verantwortung" des syrischen Künstlers Zakwan Khello. Wenn es gelingt, im Rahmen einer Ausstellung nicht nur die mögliche Instrumentalisierung von Kunst aus Krisengebieten zu diskutieren, sondern auch eine Plattform zu schaffen, auf der Geflüchtete über ihre Situation im Asylbewerberheim sprechen, dann würde ich Partizipation als gelungen bezeichnen. Eine ähn-

**ABB. 1** Verena Landau: EURO::ARENA, im Rahmen des Projektes „fireworks & smokebombs. 1813_1913_2013: Erinnerung, Kunst, Kontroversen", 2013. (Foto: Verena Landau)

**ABB. 2** Die „Parade der Unsichtbaren" am 30. Mai 2015, Teilnahme mit Flüchtlingen des Projektes „Angekommen". (Foto: Diana Wesser)

**ABB. 3** Eva-Maria Schneider und Vera Numberger mit Verena Landau: Wintergarten Lichtspiele am 11. Juli, im Rahmen des Kunstfest Neustadt 2015. (Foto: Kinga Bartczak)

liche Funktion erfüllt auch das Projekt „Angekommen. Raum für Gespräche mit Bildern" (angekommen-in-leipzig.de), wodurch das Pöge-Haus zu einem regelmäßigen Begegnungsort für Flüchtlinge, Migrant_innen und Ortsansässige geworden ist. Ich sehe diese Anfänge als wichtigen Teil einer Stadtgestaltung von unten.

**Kann oder soll soziale Aktivierung durch Kunst erfolgen?**

→ Dass soziale Aktivierung durch Kunst möglich ist, konnten wir im Juli 2015 beim „Kunstfest Neustadt – Wer ist diese Stadt?" erleben, geleitet von Stefan Kausch, Pöge-Haus e.V.. Der Künstlerin Diana Wesser und Theaterwissenschaftlerin Antje Rademacker gelang es bereits beim Kunstfest 2014 durch die „Leipziger Stadtteilexpeditionen" (leipziger-stadtteilexpeditionen.de), Menschen aus der Nachbarschaft miteinander ins Gespräch zu bringen, die sich sonst nie begegnet wären. Eine weitere sehr lebendige Kooperation besteht mit den Künstlern der „Reinigungsgesellschaft" (reinigungsgesellschaft.de), die ein Coaching meiner studentischen Gruppe der außerschulischen Kunstpädagogik durchführten. Martin Keil und Henrik Mayer beziehen sich explizit auf den von Jacques Rancière geprägten Begriff des Möglichkeitsraums, „das Territorium des Gemeinsamen neu zu gestalten" und „die politischen Möglichkeiten des Raumes zu analysieren und zu determinieren", um „ein kritisches Potential zu entfalten" (Regenerative Kunst und die Ausbildung sozialer Werte, Reinigungsgesellschaft / 2013, in: What's next, Kunst nach der Krise: http://whtsnxt.net/129). Durch künstlerische Forschungsrundgänge im Viertel Neustadt-Neuschönefeld begaben sich die Studierenden sich auf die Suche nach Orten, Initiativen, Menschen: Eva-Maria Schneider und Vera Numberger belebten am Rabet den Parkplatz an der Stelle des abgerissenen Kinos wieder mit dem Filmabend „Wintergarten Lichtspiele" (Kunstfest Neustadt – Wer ist diese Stadt? studienart.gko.uni-leipzig.de/kunstfest15), der sich aus Erinnerungsfotos und Archivmaterial speiste. Die Veranstaltung zog ein sehr vielfältiges Publikum an. Aufgrund des großen Zuspruchs entstand der Wunsch nach Wiederholung. Dies wäre für mich ein gelungenes Beispiel für das Potential eines Möglichkeitsraums. Im Kunstfeld kann etwas als Fiktion modellhaft durchgespielt werden, es muss nicht dauerhaft realisierbar oder nachhaltig sein, darf zunächst noch so absurd, größenwahnsinnig oder sinnlos sein, aber diese Fiktion kann letztendlich reale Situationen des städtischen Lebens nachhaltig transformieren.

PROJ

JEKTE

# PARTIZIPATION
# KOMMUNIKATION
# INTERVENTION

Projekte der Fakultät
Architektur und
Sozialwissenschaften

Das Kapitel Partizipation – Kommunikation – Intervention widmet sich heutigen Modellen des gesellschaftlichen Verhandelns von Raum und seiner Aneignung durch die Menschen vor Ort. Dabei reicht das räumliche Spektrum vom einzelnen Gebäude über den öffentlichen Freiraum bis zum Stadtquartier – für nutzerorientierte Planung, soziale Stadtentwicklung und Urban Design.

Dieser Katalog präsentiert eine Auswahl an Projekten von Studierenden, Absolventen und Lehrenden der interdisziplinären Fakultät Architektur und Sozialwissenschaften aus den vergangenen Jahren und zeigt die Wechselwirkung von gesellschaftlich-politischen und städtebaulich-architektonischen Aspekten: Das Geheimnis von LE ›1 / Stadt für alle ›2 / Feinkost ›3 / Kleider machen Räume ›4 / 100 % Health ›5 / Herbstsalon ›6 / Architekturmaschine ›7 / Kinderstraßen ›8 / L 21 – Leipzig im 21. Jahrhundert ›9 / Zwischenräume ›10 / Politische Partizipation von Jugendlichen ›11 / Glückspalast ›12 / Greiz Interventionen ›13 / Ereignisdesign ›14 / Bowling together! ›15 / Quartiersmanagement ›16.

Eugenia Freund, Carsten Oppermann und Markus Wiese realisierten die Gestaltung und Installation der Ausstellung im Foyer des Lipsius-Baus.

**VIDEOFILM 60 MIN. ZUR AUSSTELLUNG SCHRUMPFENDE STÄDTE** 2005 / [AHA]* Anke Haarmann mit Irene Bude / Filmprotagonisten: Nora Gitter, Paavo Patz, Alexander Lebe, Architekten, Absolventen HTWK Leipzig / sowie: Brita und Fritz Will, Klaus Schuknecht, Eberhard Friedrich, Karo, Clarotte, Thomas Pracht, Roland Löbel, Mamat, Leyla, Yilez, Nuri, Zeki, Anke-Maria Kops-Horn u. a.

→ Philipp Oswalt, Hrsg.: Schrumpfende Städte, Handlungskonzepte, Interventionen, Ostfildern-Ruit 2006. Hier: Anke Haarmann und Irene Bude: Das Geheimnis von LE // www.ankehaarmann.de

# DAS GEHEIMNIS VON LE

Die Künstlerin Anke Haarmann aus Hamburg bekam den Auftrag von der Galerie für Zeitgenössische Kunst, ein künstlerisches Projekt über schrumpfende Städte in Ostdeutschland zu realisieren. Ihre Entscheidung für Leipzig begründet sich in der städtischen Diversität zwischen Boomtown und Leerstandsgebieten. Gemeinsam mit der Filmerin Irene Bude aus Dresden/Hamburg recherchierte sie zu Stadtbild und Wahrnehmung von Leipzig. Entstanden ist „Das Geheimnis von LE" als eine inszenierte Dokumentation über Menschen in Leipzig, die mit Brachen, Leerstand, Abriss und Sanierung auf ihre eigene Art umgehen. Der Film erzählt in mehreren Episoden von Raumaneignungen in unterschiedlichen Stadtteilen. „Die Beteiligten des Films sind Schauspieler ihrer selbst. Sie inszenieren die ‚Rollen', die sie im städtischen Raum spielen – oder spielen könnten."

Fragen zum Wandel der innerstädtischen Orte sozialistischer Moderne wie dem Brühl, dem Robotron-Gebäude, dem Wintergarten-Hochhaus stehen neben Beobachtungen zum Umgang mit Brachen im Leipziger Osten. Die Episode „Too much land for one man" handelt von einem Wachstum-Projekt auf einer Reudnitzer Brache und zeigt das Entstehen eines temporären Grünkohlgartens von Alexander Lebe als Beitrag zu Wirtschaften, Arbeiten, Selbstversorgen, Stadt- und Gesellschaftsumbau. Im nächsten Teil ziehen Nora Gitter und Pavo Paatz durch die Ruinen eines als Geisterstadt empfundenen Quartiers, um als kolonialisierende Pioniere in überwucherten Brachen ihre Veranda zu finden oder Freunde in ihren Garten einzuladen und somit den Leerstand als Möglichkeitsraum zu betrachten.

The future of a
shrinking
city ?

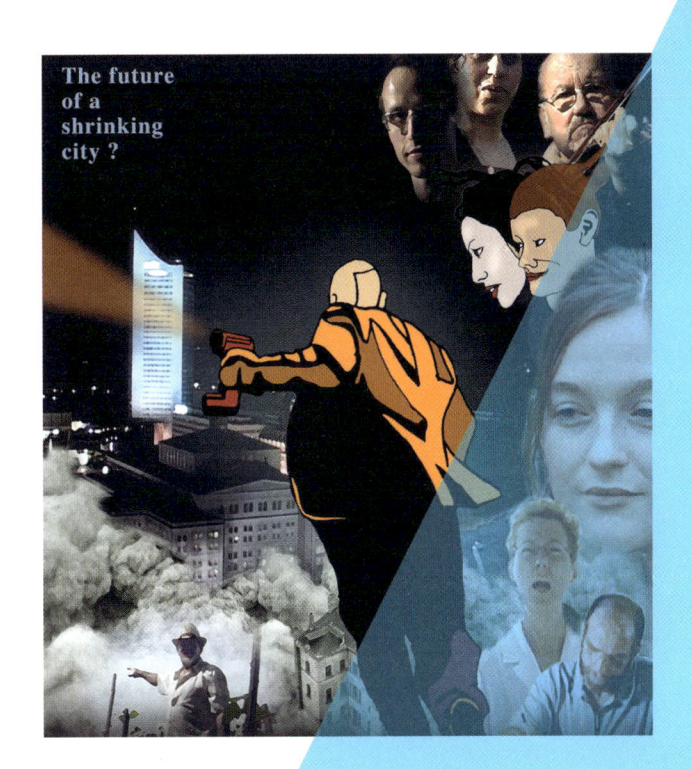

62

**AKTIONEN DES LEIPZIGER NETZWERKS „STADT FÜR ALLE"** seit 2011 /
Norma Brecht, Politikwissenschaftlerin, Architektur-Studierende HTWK Leipzig /
weitere Netzwerk-Initiativen: Willkommen im Kiez, Initiativkreis: Menschen.Würdig.,
Willkommen im Osten u. a.

→ www.leipzig-stadtfueralle.de

# STADT FÜR ALLE

Das Leipziger Netzwerk „Stadt für alle" ging aus Diskussionen zu Stadtentwicklung, Aufwertung und Verdrängung hervor, die um 2011 in den Quartieren Connewitz und Plagwitz stattfanden. „Stadt für alle" bündelt Aktive aus Stadtgesellschaft, Politik, Wissenschaft, Baupraxis, solidarisch organisierten Wohnprojekten und betroffene Mieter und Miterinnen. Das Netzwerk ist offen für Interessierte und versucht, Aktivitäten zu vernetzen und zu bündeln. „Stadt für alle" ist eine Gruppe von vielen, die sich in Leipzig für das Recht auf Stadt, eine solidarische Stadt und eine soziale und demokratische Stadtentwicklung einsetzen.

Das Netzwerk setzt sich für bezahlbaren Wohnraum, die Erhaltung von Freiräumen sowie die Verhinderung von Verdrängung und Segregation ein. Forderungen sind: Wohnraum vergesellschaften, bezahlbaren Wohnraum schaffen, Entmietung stoppen, Spekulation mit Wohnraum verhindern, kommunales Eigentum erhalten bzw. Sozialbindung beim Verkauf von kommunalen Wohnungen gewährleisten, Konzeptverfahren statt Höchstpreisgebot beim Verkauf verfolgen, Wohnraum in Selbstverwaltung und kollektive Wohnformen und Freiräume fördern, Beteiligung aller an Bauprojekten und Stadtentwicklung.

„Stadt für alle" agiert im Bereich der Vermittlung, Begleitung und Unterstützung von Betroffenen durch Vermittlung von Anwälten; die Herstellung und Mobilisierung von Öffentlichkeit durch Presseberichte; Podiumsdiskussionen, Interviews und Informationsflyer; die Organisation von Solidarität, wenn Verdrängung bereits begonnen hat, u. a. durch Demonstrationen; die Beobachtung der städtischen Politik und deren Beeinflussung durch eigene Positionen; die Erarbeitung und Veröffentlichung von Handlungsoptionen durch Stellungnahmen an die Verwaltung; die Organisation und Begleitung von Diskussionen bei Workshops der Stadt Leipzig. Komm vorbei!

**RAUMANEIGNUNG** auf dem Feinkost-Areal, Karl-Liebknecht-Straße 36, Leipzig, Projekt seit 2009 / Offene ArchitekTür e.V., Architektur-Studierende und Absolventen HTWK Leipzig / Prof. Ronald Scherzer-Heidenberger, Vorstandsmitglied der Kunst- und Gewerbegenossenschaft Feinkost eG

→ www.offene-architektuer.de

# FEINKOST

Zeichnen, entwerfen, sägen, kleben, basteln, bauen – Architekten machen vieles und eigentlich benötigen ihre Tätigkeiten einen speziellen Raum. Ein Architekturbüro ist Werkstatt, Büro und Ideencenter in einem. Wo findet man das? 2009 haben einige Studenten der HTWK nach dem perfekten Raum gesucht. Wächterhaus – zu teuer. Alte KFZ-Werkstatt – zu kalt im Winter. Leerstehende Ladenzeilen – zu weite Wege. Nach einem Jahr sind sie fündig geworden in der der ehemaligen Konservenfabrik V.E.B. Feinkost Leipzig. Sie gründeten den Verein Offene ArchitekTür e.V. und haben seit 2010 mit weiteren kreativen Köpfen und Querdenkern die perfekte Umgebung gefunden, um ihre Ideen umzusetzen.

Ihren Arbeitsort gestalteten sie selbst, indem sie die denkmalgeschützten Räume renovierten und restaurierten. Sie haben von Zimmermännern gelernt, wie man Balken restauriert, von Maurern, wie man Wände verputzt, von Elektrikern, wie man Leitungen verlegt. „Manche Dinge sind viel einfacher, als wir es uns ausdenken", sagt eines der Gründungsmitglieder. „Auf andere Dinge, die man beachten muss, wäre man nie gekommen, hätte man nicht selbst angepackt." Noch immer wird weiter gebaut – wer mag, darf gerne mitmachen. Es gibt regelmäßig Chancen auf einen freien Arbeitsplatz. Derzeit arbeiten 21 Menschen in den Räumen der OA: Architekten, Grafiker, Journalisten und Webdesigner. Dabei geht es nicht nur um bezahlbaren Raum und sozialverträgliches Arbeiten, sondern auch um Vernetzung und gegenseitige Unterstützung. Jeder hat seine eigenen Projekte und gemeinsam werden Workshops angeboten, Partys veranstaltet oder Werke verschiedener Künstler präsentiert.

Das Symbol der „Feinkost" ist die Löffelfamilie, die Kunst- und Gewerbegenossenschaft basiert auf einem Partizipationsmodell, für das sich Ronald Scherzer-Heidenberger seit Jahren engagiert. Auch Offene ArchitekTür e.V. gehört dazu, ein Verein, den Architekturstudierende und -absolventen der HTWK Leipzig gegründet haben, um sich Projekt- und Arbeitsräume anzueignen.

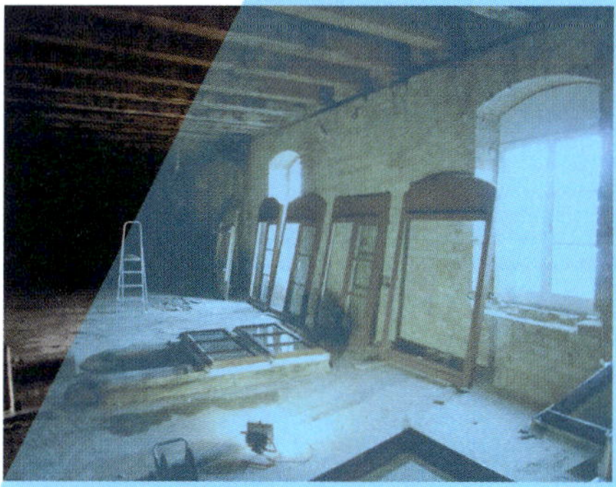

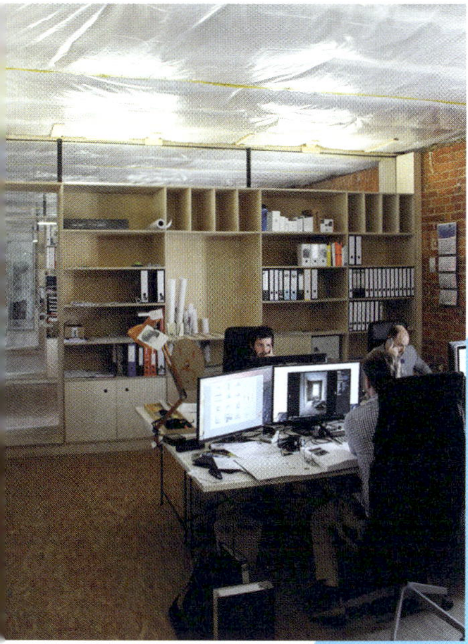

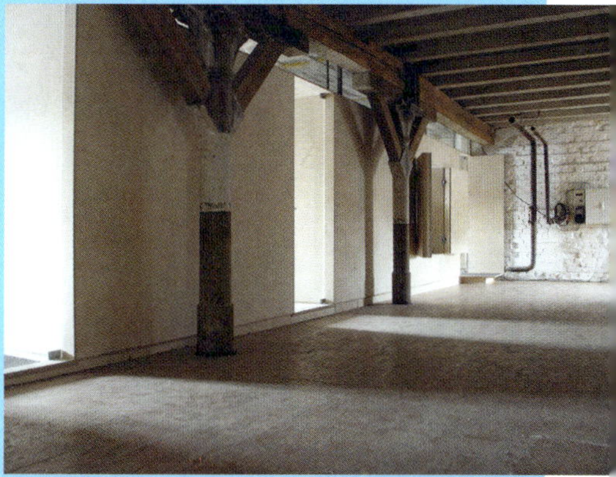

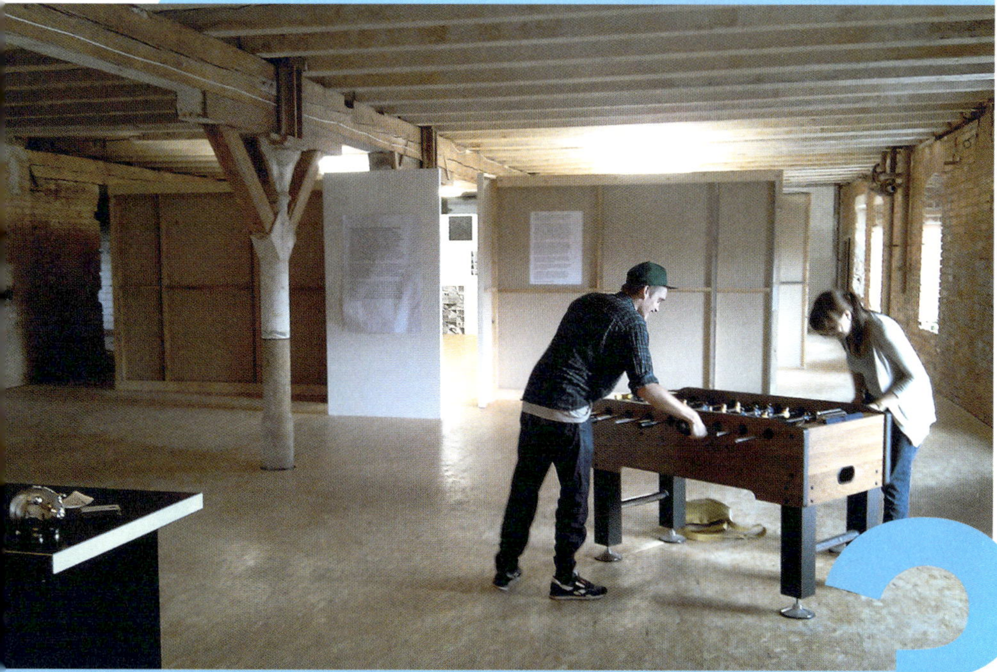

3

**ABB. 1**

**ABB. 2**

**ABB. 3**

**ABB. 1** „Ich mache die Vielfalt doch weg.": Als Antwort auf die Frage nach einem Foto für das Forschungsprojekt.

**ABB. 2** Que sera, sera: Im dem Lied fragt ein Mädchen seine Mutter nach der Zukunft. Als das Mädchen erwachsen geworden ist, fragt sie ihren Mann, und ihr Kind stellt ihr ebenfalls Fragen. Die Antwort ist immer: „Que sera, sera." (Spanisch, etwa: „Was sein wird, wird sein.").

**ABB. 3** Stadt und Land: Die Moderne zieht ein. Unbeachtet geht das Gestern am Morgen vorbei.

**ABB. 4** Gedankenwelt: Mit gesenktem Kopf, Hand in der Hosentasche und den Blick auf die Pflastersteine gerichtet, schiebt der Mann sein Fahrrad durch die Mockauer Straßen. Es scheint, als ob es ihm egal wäre, was um ihn herum geschieht.

**SOZIALRÄUMLICHE ÄSTHETIK IM LEIPZIGER STADTBILD** Fotorecherche-projekt 2015 / Master-Studierende Soziale Arbeit (2. Semester) HTWK Leipzig mit Prof. Dr. Andreas Thiesen

→ fas.htwk-leipzig.de

# KLEIDER MACHEN RÄUME

Die Abbildung sozialräumlicher Ungleichheit im Stadtbild bezeichnet die Stadtsoziologie als Segregation. Sie wird für gewöhnlich entlang sozialer, ökonomischer, ethnischer oder demographischer Kriterien bestimmt. Angesichts zunehmender urbaner Diversität hängen individueller Einschluss und Ausschluss jedoch zunehmend auch von der Repräsentation spezifischer Lebensstile im öffentlichen Raum ab. Die Frage nach der kulturellen Deutungshoheit in kleinräumigen Einheiten gewinnt damit an Bedeutung.

Unter der Überschrift „Kleider machen Räume. Sozialräumliche Ästhetik im Leipziger Stadtbild" haben sich Master-Studierende der Sozialen Arbeit in unterschiedlichen Leipziger Stadtteilen der Stadtethnographie gewidmet. Handlungsleitend war die Fragestellung, inwieweit sich in Leipzig eine spezifische kleinräumige Ästhetik zeigt. Dabei sind verblüffende Zeugnisse sozialräumlichen Eigensinns entstanden: eine Sammlung visueller Narrationen, die ästhetische Zwischenräume offenlegt. Rosa war gestern.

ABB. 4

GESTELL ALS TEMPORÄRE INSTALLATION ZUM HGB-AUSSTELLUNGSPROJEKT 100 % HEALTH 2009 / Stefanie Carl, Carina Görbig, Stefan Huth, Sebastian Renner, Architektur-Studierende HTWK Leipzig mit Prof. Andreas Wolf und Prof. Alba D´Urbano, HGB Leipzig

→ Andreas Wolf, Gestell – Entwurf einer Ausstellungsarchitektur. In: Alba D´Urbano und Franz Alken, Hrsg.: 100 % Health – Eine Ausstellungsdokumentation, HGB Leipzig 2010

# 100 % HEALTH

Die Ausstellung „100 % Health" wurde im Jahr 2009 als temporäre Installation im öffentlichen Foyerbereich der Hochschule für Grafik und Buchkunst Leipzig realisiert. Sie zeigt ein interdisziplinäres Projekt von Architekturstudenten im Fach Mediale Stadt der HTWK Leipzig und Kunststudenten der Medienklasse von Prof. Alba D´Urbano. Zunächst wurde in gemeinsamen Entwurfsworkshops ein kuratorisches Grobkonzept für die Präsentation multimedialer Kunst für den konkreten Ort entwickelt und in unterschiedlichen Entwurfsszenarien materialisiert. Vergleichende Kritiken führten zunächst zu drei Varianten, die wiederum einer vertiefenden Machbarkeitsstudie hinsichtlich Kosten, Zeit, Zulassungen, organisatorischem Aufwand etc. unterworfen wurden.

Das ausgeführte modulare Raumgerüst eines Standardanbieters konnte dank serieller technischer Zulassung, werksseitiger Regelstatik und einer detaillierten Vorplanung (Stefan Huth, HTWK Leipzig) innerhalb von 24 Stunden in Eigenleistung durch die beteiligten Studenten erstellt werden. Drei Geschossebenen erschlossen 36 Ausstellungskojen für unterschiedliche Objekte, Video- und Filmprojektionen sowie Performances und organisierten diese sowohl visuell als auch akustisch durch Trennelemente, Screens und Medientechnik. Die Erschließung war labyrinthisch angelegt, so wurden statt eines fixen Rundgangs individuelle Näherungen und freie Reihungen der Exponate möglich. Die gestalterische Neutralität und Transparenz der modularen Ausstellungsarchitektur gab den präsentierten künstlerischen Arbeiten den Vorrang, verdichtete diese aber räumlich im Sinne eines „Fun Palace" (Cedric Price). Eine architektonische Strategie, die sich auch für zukünftige Interventionen im öffentlichen Raum besonders eignet.

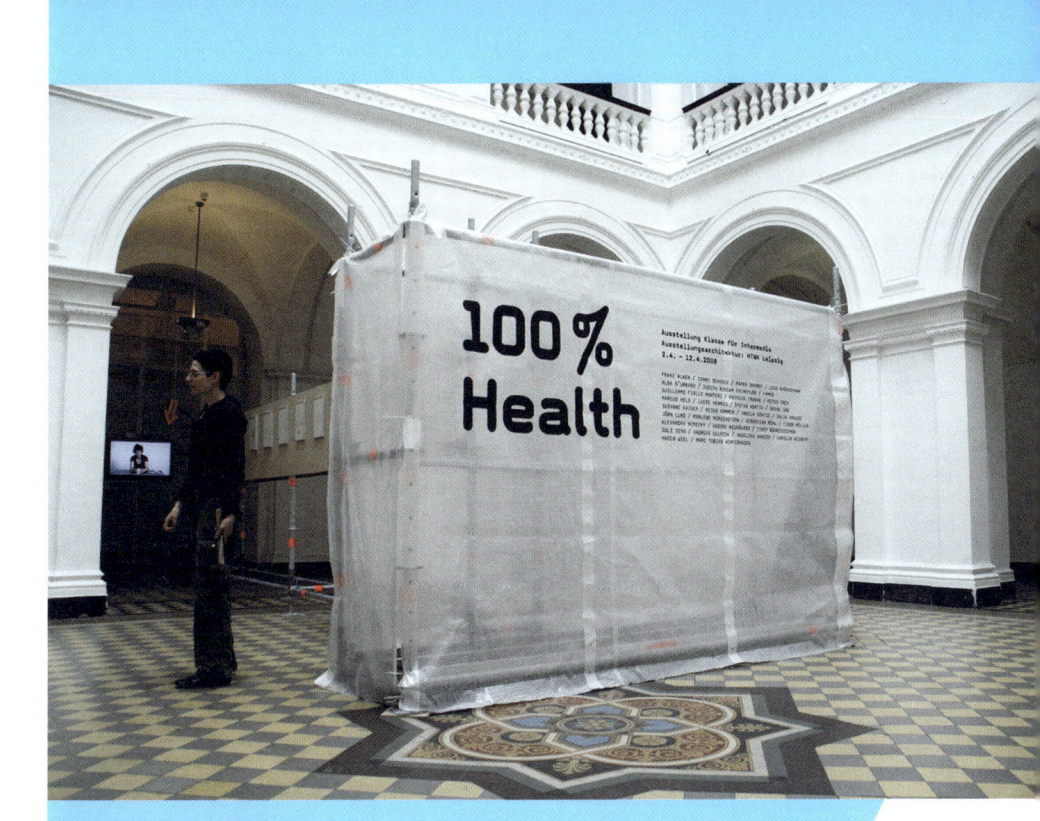

# 100% Health

Ausstellung Klasse für Intermedia
Ausstellungsarchitektur: HTWK Leipzig
2.4. – 12.4.2008

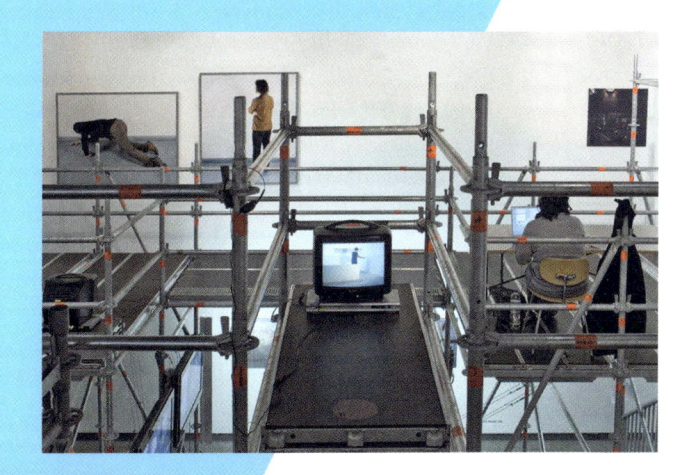

5

**INSTALLATION AUF DEM PLATZ DER FRIEDLICHEN REVOLUTION LEIPZIG**
2014 / Prof. Dr. Rainer Vor, Prof. Ronald Scherzer-Heidenberger, Prof. Dr. Andrea Nikolaizig mit Studierenden der Architektur, der Sozialen Arbeit und der Bibliotheks- und Informationswissenschaft HTWK Leipzig / Kooperation mit der Stiftung Friedliche Revolution, Gesine Oltmanns u. a.

→ fas.htwk-leipzig.de / stiftung-fr.de

# HERBSTSALON

Der „Herbstsalon 2014 Leipzig" war ein von Studierenden und Professoren konzipierter Pavillon, in dem anlässlich „25 Jahre Friedliche Revolution" mehrere Wochen Dokumentar- und Spielfilme über und aus der DDR gezeigt wurden. Weiterhin diente er für Vorträge, Diskussionen, Zeitzeugengespräche und Workshops. Die Themen reichten vom Alltag in der DDR bis zur ostdeutschen Opposition und vom Friedens- und Umweltengagement kleiner Basisgruppen bis zu den Großdemonstrationen im Herbst 1989. Die Stiftung Friedliche Revolution, die sich den Werten des friedlichen Umbruchs von 1989 in der DDR verpflichtet fühlt, wollte mit diesem Projekt nicht nur den Blick in die Vergangenheit schärfen, sondern ebenso für Charakter und Gefahren totalitärer Systeme sensibilisieren und motivieren, für Freiheit und Demokratie heute einzutreten. Der Name „Herbstsalon 2014 Leipzig" führt zurück auf eine von kritischen Künstlern 1984 organisierte Ausstellung im Leipziger Messehaus am Markt.

Als Ort für die Präsentation des „Herbstsalon 2014 Leipzig" bot sich die gegenwärtige Brachfläche des Leipziger Wilhelm-Leuschner-Platzes an. Dieser in der Stadtgeschichte als ehemaliger Königsplatz verankerte Stadtraum, der demnächst Ort für das Leipziger Freiheits- und Einheitsdenkmal werden soll, erfuhr durch das temporäre Medienzentrum gleichsam eine öffentlichkeitsträchtige Hinführung zu seiner zukünftigen Rolle als stadtgeschichtlicher Bedeutungsträger. Der Pavillon ist gleichermaßen als Funktionsraum und als öffentlichkeitswirksame Installation gedacht. Im Innern des multifunktional nutzbaren, temporären Präsentationsraums lag die Betonung auf einer konzentrierten Atmosphäre, die die historischen Programminhalte unterstützte. Einen Brückenschlag in die Gegenwart bildete die Open-Air-Ausstellung „Ukraine 2014".

15-21h Lost Place-
Stories Leipzig
11.10.:
UKRAINE-TAG
GÄSTEBUCH
HEUTE:
11⁰⁰ Die Mauerbrockenbande, 1990, 90 Min.
13⁰⁰ Wer dort war, schweigt. Das Militärgefängnis
Schwedt, 2001, 45 Min.
Es gab kein Niemandsland. Ein Dorf im Sperrbezirk
2006, 45 Min.
15⁰⁰ bis ca. 21⁰⁰ Geschichten hinter vergessenen Mauern. GHVM-
Lost Place-Stories Leipzig I-III
mit Regisseur Enno Seifried
und Produzent Tino Esche
WIE GEHT ES DEN PEI-
NIGERN HEUTE?

EINTRITT
FREI!

6

72

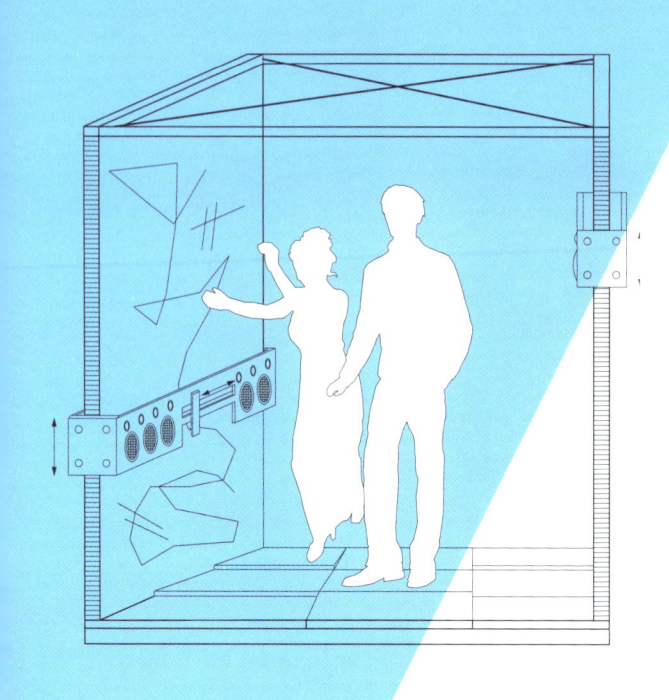

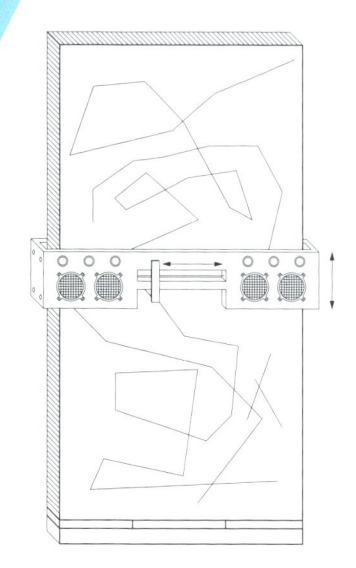

**PROJEKT DER INTENSIVWOCHE ARCHITEKTUR** 2015 / Konzeptfindung, Planung und Durchführung: Katharina Baum, Fritz Dethloff, Philipp Diefenthaler, Thomas Feisel, Undine Kimmel, Vincent Leppert, Sebastian Lorenz, Susan Radisch, Jonathan Reppe, Michael Scala, Maximilian Sergel, Jakob Walter, Architektur-Studierende HTWK Leipzig mit Prof. Uli Vetter

# ARCHITEKTUR-MASCHINE

Architektur ist raumbildende Aktion, der Mensch ein interagierendes Wesen, das den Raum formt und durch den Raum geformt wird. Der Raum wird aufgelöst in seine sinnlich erfahrbaren Bestandteile. Er bleibt nur symbolisch begrenzt und wird als Installation begangen. Nur so kann er akustisch erfahren werden. Die ausgelöste Dynamik verändert den Raum und formt die Architektur des Raumes um. Die Funktion der Maschine fördert soziale Interaktion und Interaktion mit der Maschine. Der Raum ist Maschine und Spielzeug. Die Maschine wird emotionaler Partner und lässt Raum für Interpretation.

Die Spuren der mechanischen Einwirkung auf den entlehnten Arbeitsflächen sind Gravuren einer geschehenen architektonischen Aktion. Die Arbeitsfläche wurde dadurch bereits zweckentfremdet und trägt eine sichtbare und spürbare Erinnerung auf der Oberfläche. Diese Oberfläche wird abgetastet. Die Maschine agiert taktil, menschengleich. Die Abtastnadel schreibt der Oberfläche eine weitere Schicht ein. Die Interaktion wird sichtbar. Die abgenommenen Geräusche beschreiben also einen historischen Vorgang nach. Einen architektonischen Vorgang, da die Gravuren im Entwurfsprozess entstanden sind. Der achtlose Umgang mit dem Material wird hörbar und veredelt. Die Schönheit der Gravur wird erlebbar und Architektur. Weitergedacht kann so jede Oberfläche auf ungewohnte Weise erlebbar werden. Die Abtastung einer Fassade ergibt ein Tonbild, das aufgezeichnet werden kann. Es entsteht das Klangbild eines Gebäudes oder einer ganzen Stadt. Architektur wird als Komposition im musikalischen Sinne erlebbar und neu wahrgenommen.

„**DIE STRASSE, IN DER ICH WOHNE**" Kinderschreibwettbewerb und Ausstellung „Der Leipziger Westen aus Kindersicht", 2011 / Prof. Dr. Jörg-Achim Weber, Vorstandsvorsitzender des Deutschen Kinderschutzbundes Leipzig e.V. / Susann Pruchnik, Leipziger Kinderbüro / Julia Dathe, Autorin / Jan Kuhlbrodt, Autor / Kinder aus dem Leipziger Westen

→ www.leipzigerkinderbuero.de

# KINDERSTRASSEN

Die Leipziger Schriftsteller Julia Dathe und Jan Kuhlbrodt führten 2011 insgesamt sechzehn Schreibzirkel mit Kindern der Grundschulen in Lindenau und Plagwitz durch, den EFRE-Fördergebieten des Leipziger Westens. Es beteiligten sich rund 150 Kinder im Alter von 7 bis 11 Jahren aus der Erich-Zeigner-Grundschule, der Schule am Adler, der Nachbarschaftsschule, der 46. Grundschule, der 157. Grundschule und einzelne Beiträge entstanden auch außerhalb des Fördergebietes. Neben den Arbeiten, die in den angebotenen Schreibzirkeln entstanden, wurden auch Einzelbeiträge direkt an das Kinderbüro gesandt.

„... die Straße, in der ich wohne ..." ist ein Schreibprojekt für den Deutsch- oder Sachkundeunterricht der Klassen eins bis sechs. Die Kinder erzählen Geschichten über ihre Straße, die anderen Kindern, aber auch Erwachsenen, einen ganz persönlichen Eindruck von ihrem Leben, ihren Erlebnissen in dieser Straße vermitteln. „Noch nie haben sich so viele Kinder dazu geäußert, was ihnen an ihrer Umgebung gefällt und was nicht", sagte der Initiator und Kulturpädagoge Wolfgang Schlenker. Inzwischen stehen Texte von Kindern aus vielen deutschen Städten und sogar weltweit aus Europa, Süd- und Mittelamerika im Netz. Die Leipziger Präsentation fand im Stadtteilladen Leipziger Westen statt, in deren Rahmen die zwölf besten Textbeiträge prämiert wurden. Aus ausgewählten Texten und Illustrationen des KAOS-Kinderateliers entstand das Buch „Der Leipziger Westen aus Kindersicht". Mit der Ausstellung im Stadtteilladen Leipziger Westen bekam das Schreibprojekt eine große Öffentlichkeit, aus der sich weitere Projekte entwickeln können.

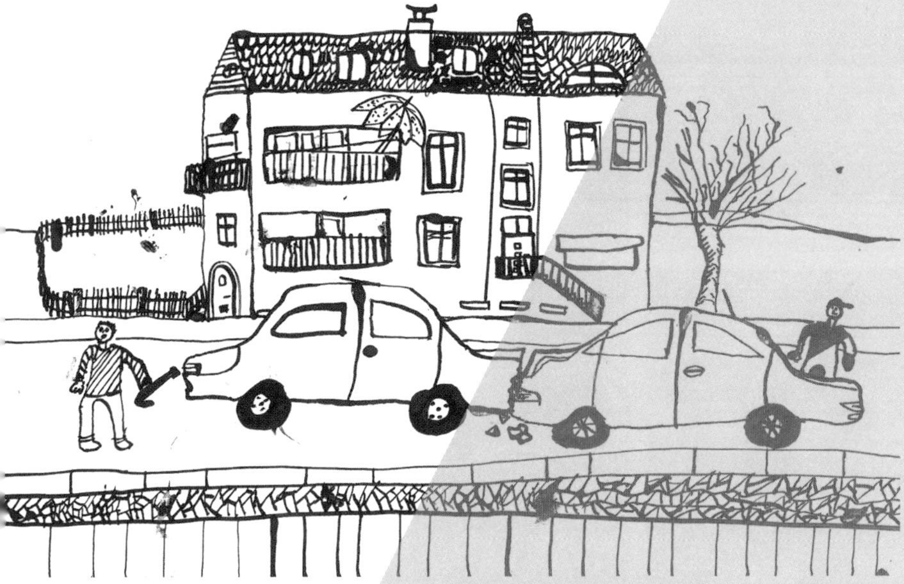

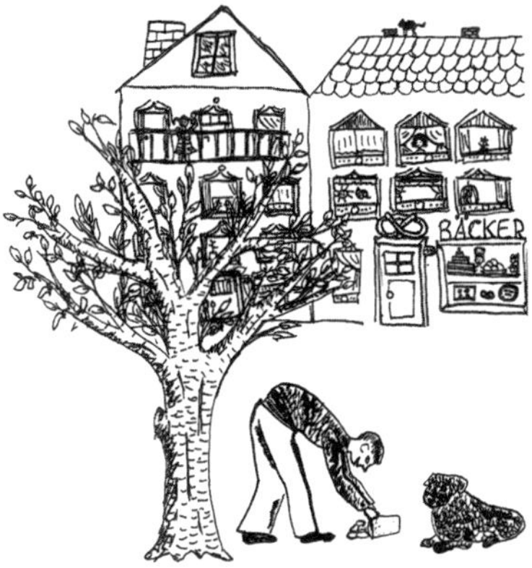


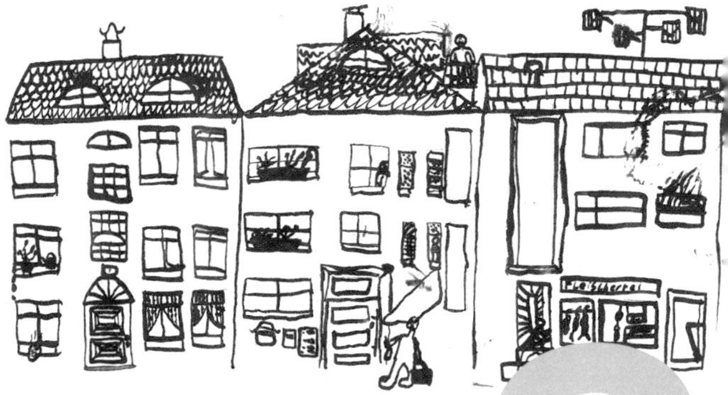


8

L21 - Lokal der Wahl
Friedrich-Ebert-Str.93
22. September
geöffnet ab 10.00 Uhr

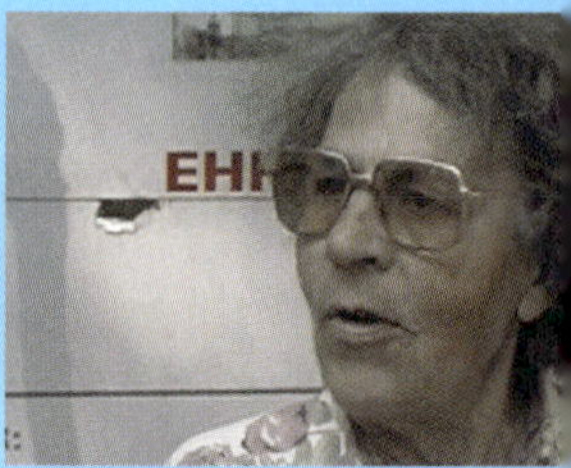
EHI

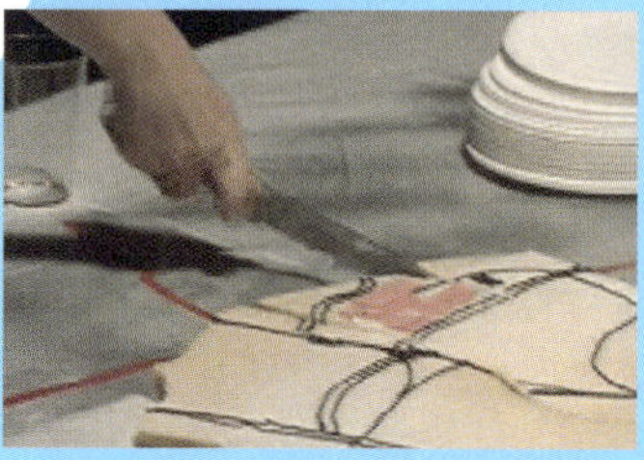

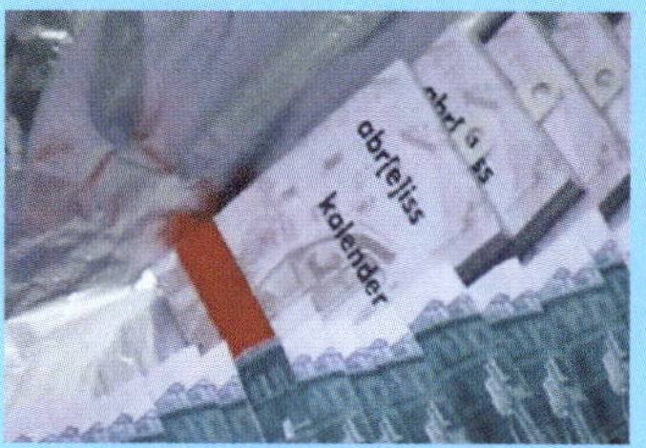
abr[e]iss
kalender

Der Kanzler der Mitte.
Aufbau Ost ist Chefsache
SPD

**TEMPORÄRE INSTALLATIONEN IM ÖFFENTLICHEN RAUM LEIPZIG**
2000–2005 / L21 Netzwerk mit Leiv-Patrick Berthel, Ute Ehret, Tobias Franke, Dirk Stenzel, Kai-Uwe Schott, Architekten und Absolventen HTWK Leipzig / sowie Marco Bartusch, Maria Bozzo-Costa Wolf, Jens-Uwe Boldt, Antje Heuer, Bert Hafermalz, Tom Hobusch, Wolf-Heiko Kuppardt, Martin Morkramer, Fritjof Mothes, Sabine Eling Papenhagen, Stefan Rettich, Tim Tröger

→ Susanne Schindler: L21 – Und Leipzig den Rest. In: Arch+, Heft 158, Dezember 2001, S. 21 / Philipp Oswalt, Hrsg.: Schrumpfende Städte, Band 2: Handlungskonzepte. Ostfildern-Ruit 2005. Darin L21: Wir Alten.

# L21 – LEIPZIG IM 21. JAHRHUNDERT

Die Ausgangssituation im Jahr 2000: Nach zehn Jahren „Boomtown" wird in Leipzig das traditionelle Leitbild der europäischen Stadt hinterfragt. Das ungebremste Wachstum von Bevölkerung, Wirtschaft und Stadt ist zu Ende. Arbeitsplätze fehlen ebenso wie Kinder, und zu viele Menschen sind gen Westen oder ins Umland abgewandert. 60.000 Wohnungen stehen leer. Im Stadtentwicklungsplan Wohnungsbau und Stadterneuerung sind die Problemzonen im Stadtgefüge dargestellt, die stark von Leerstand und Verfall betroffen sind. Auch die scheinbar schon geretteten und sanierten Gründerzeitstrukturen sind davon berührt und werden mit den Plattenbaugebieten auf den Prüfstand gestellt.

Vor diesem Hintergrund und auf der Suche nach zukunftsorientierten Stadtkonzepten entsteht L21 als eine Initiative fünf junger Leipziger Architekturbüros im Frühjahr 2000 zur Förderung der zeitgenössischen Planungskultur „L21 – Leipzig im 21. Jahrhundert" mit: KARO-Architekten, kombinat 4, S.E.P, hobusch+kuppardt und m.f.s.architekten. L21 fungiert als Netzwerk und Plattform, von der aus aktuelle Stadtentwicklung inhaltlich und unabhängig diskutiert und öffentlich kommuniziert wurde. L21 will die Chancen und Potentiale dieser Entwicklung ohne Wachstum aufspüren und über allgemeinverständliche Bilder und Konzepte verdeutlichen. Die theoretische und praktische Konzeptsuche steht in enger Wechselbeziehung zu einer öffentlichen Diskussion. Die Bürger sollen für das Thema Stadt sensibilisiert und zum Mitdenken und Mithandeln angeregt werden. Schnelle und allgemeingültige Lösungen sind nicht beabsichtigt, sondern komplexe und ergebnisoffene Prozesse. Eine letzte öffentliche Aktivität der Initiative ist das Projekt „Wir Alten" 2005 im Kontext der Ausstellung Schrumpfende Städte.

**RAUM UND KOGNITION** Konflikt und Kollektiv – Zwischenräume in Derry, Master-Thesis Architektur, 2015 / Christian B. A. Happe, Architektur-Absolvent HTWK Leipzig

→ Werk Stadt Leipzig OST, Hrsg.: Raum und Kognition, Konflikt und Kollektiv – Zwischenräume in Derry. Leipzig 2015. / www.LePaien.de

# ZWISCHENRÄUME

Das nordirische Derry ist Handlungsrahmen eines gesellschaftspolitisch wie kulturell ambitionierten Projektes. Ziel ist die räumlich-visuelle Entschärfung des immer noch vom nordirländischen Bürgerkrieg der 1960er bis 1990er Jahre geprägten Stadtkörpers und -bildes sowie dessen Öffnung für neue, auf Konfliktüberwindung orientierte Architekturen und Funktionen. Hierzu wird eine entwurfliche Doppelstrategie eingesetzt, die zwischen den fotografisch-zweidimensionalen und architektonisch-dreidimensionalen Mitteln changiert und vermittelt.

Thema der Arbeit sind die Bedeutung und Transformation von städtischen Zwischenräumen. Die vorgefundenen Zwischenräume sind durch ideologische Malereien „Murals" aktiviert. Diese wirken mit populistischen Inhalten der kollektiven Konfliktbewältigung entgegen. Theoretisch tragen jene Zwischenräume zu einer Trennung der Gruppierungen bei, während andere, offene, auf diplomatischer Grundlage eine Verbindung schaffen können. Um die territorialen Grenzen und Zwischenräume des Konfliktes bestimmen zu können, wurden die kulturelle Gedächtnislandschaft und die städtebaulichen Territorien analysiert. Kaum wahrgenommene, meist vernachlässigte Zwischenräume sind bildhaft aufgeschlossen, aufgewertet und in einem ersten Schritt architektonisch besetzt. Es sind Kleinarchitekturen entstanden, die sich üblichen räumlichen wie funktionalen Kategorien entziehen und so jenseits der tradierten Konfliktlinien Derrys neutral bleiben und zukunftsfähig werden.

In einem zweiten Schritt können diese „Frei-Räume" von der Stadtgesellschaft in Gebrauch genommen und nach eigenen Vorstellungen programmiert, respektive genutzt werden. „The Interspace is the new Common Space!" Es wird ein Netzwerk aus architektonischen Rahmenbedingungen in den neutralen Zwischenräumen entwickelt, die eine Konfliktbewältigung durch die partizipatorische Kraft der Gesellschaft ermöglichen. So sind Zwischenräume auch immer Orte der Erweiterung.

Status Quo | Wallanalge

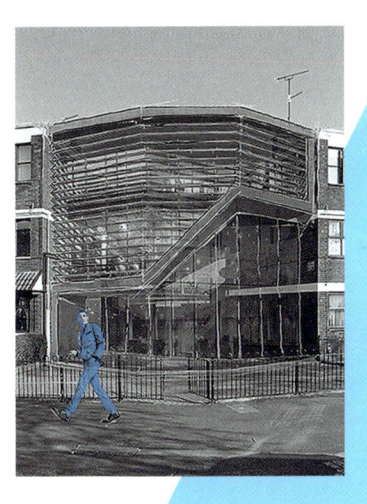

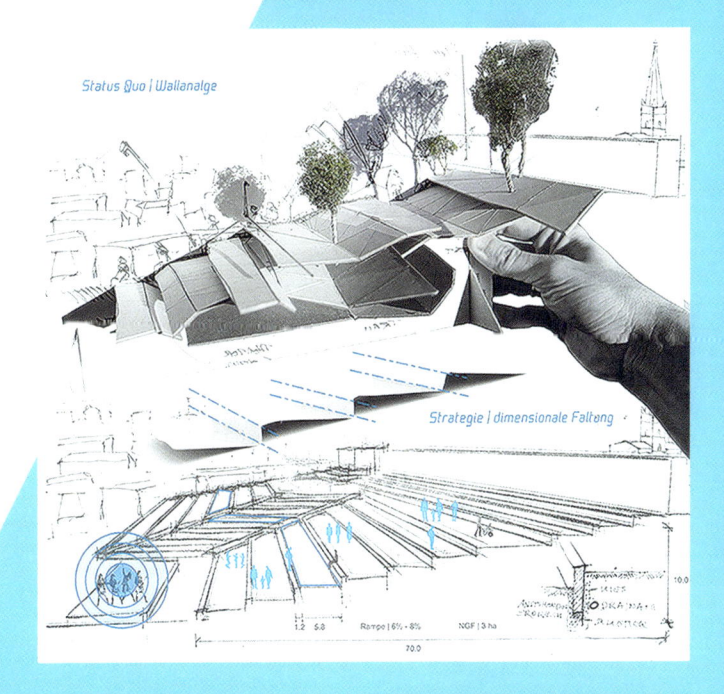

Strategie | dimensionale Faltung

### Asymmetrie und beginnende Annäherung (2 Nennungen)

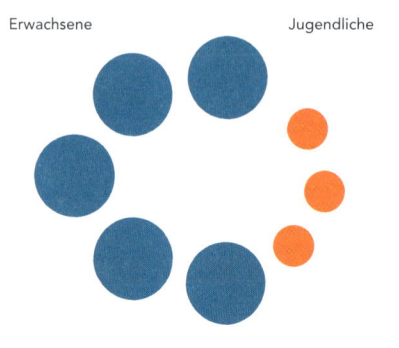

Erwachsene — Jugendliche

### Symmetrie und Integration (2 Nennungen)

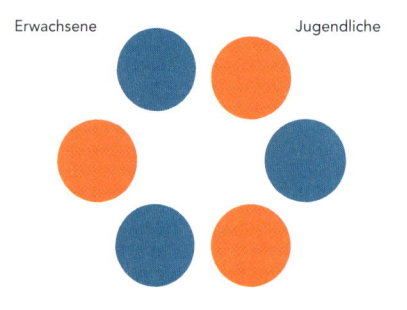

Erwachsene — Jugendliche

### Asymmetrie und Seperation (2 Nennungen)

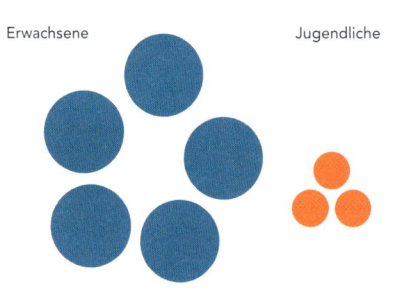

Erwachsene — Jugendliche

### Asymmetrie und Integration (1 Nennungen)

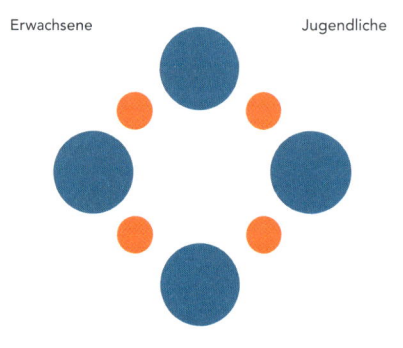

Erwachsene — Jugendliche

**UNTERSUCHUNG EINES STADTBEZIRKSORIENTIERTEN MODELLPROJEKTES IN LEIPZIG, STADTBEZIRKE ALTWEST UND SÜDWEST** Diplomarbeit Soziale Arbeit, 2007 / Christiane Rößiger, Sozialarbeiterin, Absolventin HTWK Leipzig / Prof. Dr. Stefan Danner / Leipziger Kinderbüro e.V.

→ Danner, Stefan und Rößiger, Christiane Hrsg.: Zwischen Mitbestimmung und Alibiteilnahme: Politische Partizipation und Bildung im lokalen Raum. Leipzig 2007

# POLITISCHE PARTIZIPATION VON JUGENDLICHEN

Beim „Jugendbeirat" handelt es sich um eine Form politischer Beteiligung von Jugendlichen, bei dem junge Menschen in ein Erwachsenengremium auf Stadtteilebene integriert wurden. 2004 erfolgte die Initiierung des zweijährigen Beteiligungsmodells „Jugendbeirat" in zwei Stadtteilen des Leipziger Westens. 25 Jugendliche im Alter von 14 bis 19 Jahren wirkten in bestehenden Erwachsenengremien in den Stadtbezirksbeiräte Altwest und Südwest mit. Ziele des Modellprojekts waren die Beratung der Stadtbezirksbeiräte in jugendrelevanten Fragen, die Mitbestimmung bei der Stadtentwicklung, die politische Bildung und das Kompetenztraining für Jugendliche.

Mittels empirischer Untersuchungen wie die teilnehmende Beobachtung, mündliche und schriftliche Befragung, konnten mit der Arbeit Thesen zur Relevanz und Akzeptanz dieser Form von Jugendbeteiligung formuliert werden – mit dem Ergebnis, dass der Jugendbeirat als Beteiligungsmodell von Jugendlichen und politischen Vertretern akzeptiert wird. Alle Befragten ziehen aus ihrem Engagement im Jugendbeirat einen persönlichen Gewinn. Die Beiräte machen eine stetige Interessenartikulation von Jugendlichen möglich und sie sind eine Form direkter Beteiligung, da unmittelbarer Kontakt zu Entscheidungsträgern besteht. Jugendbeiräte ermöglichen ein klar definiertes Wirkungsfeld, wobei sich die Themen vor allem auf das Wohnumfeld konzentrieren. Politik wird für Jugendliche hautnah erlebbar. Den förderlichen Bedingungen für politische Partizipation am Beispiel Jugendbeiräte wie das Bekenntnis zur Beteiligung und die pädagogische Begleitung durch Träger der Jugendhilfe stehen allerdings auch hemmende Bedingungen gegenüber: die Sitzungsdauer, die hohe Anzahl und Komplexität der Themen, das nicht festgeschriebene Stimmrecht und die begrenzte Anzahl der jugendlichen Teilnehmer.

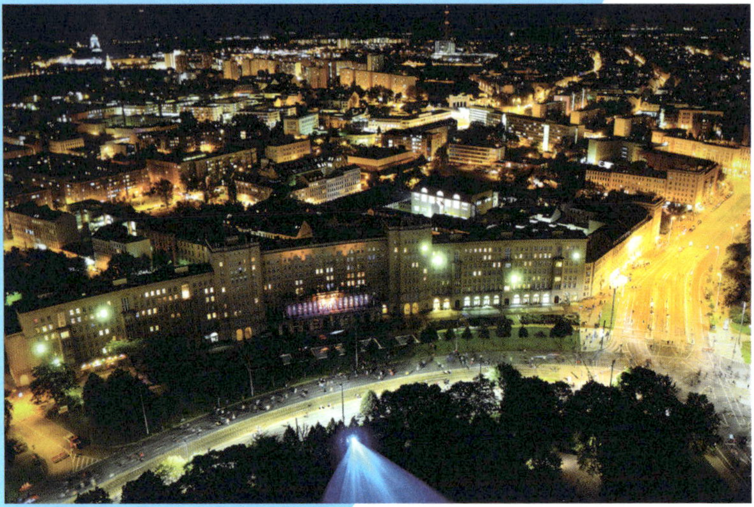

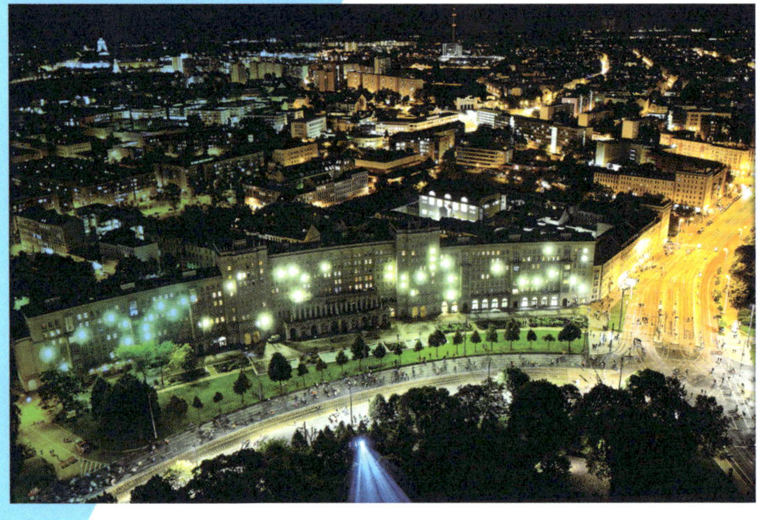

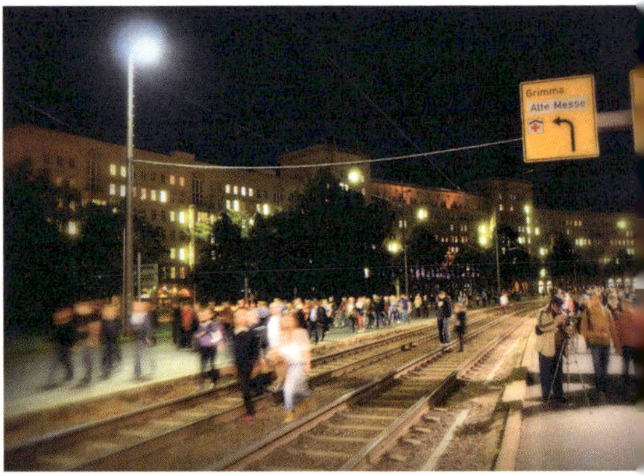
Grimma
Alte Messe

**LICHTMOSAIK** in der „Ringbebauung" zum Lichtfest Leipzig am 9. Oktober 2014 / Prof. Frank Hülsmeier und Max Erlemann mit Architektur-Studierenden HTWK Leipzig und Hochschule Wismar

→ www.lichtfest.leipziger-freiheit.de/lichtfestprojekte-detail

# GLÜCKSPALAST

Am 9. Oktober 2014 fand in Leipzig das Lichtfest statt, einer der emotionalen Höhepunkte bei den Gedenkveranstaltungen zum 25-jährigen Jubiläum der Friedlichen Revolution. In einem Gemeinschaftsprojekt arbeiteten Studierende der Hochschule Wismar und der HTWK Leipzig inhaltlich-konzeptionell und bei der technischen Umsetzung des von Prof. Frank Hülsmeier und Max Erlemann initiierten Projektes „Glückspalast" für die Leipziger Ringbebauung zusammen. Im Vorfeld wurde mit den Mietern des Gebäudes das Konzept diskutiert; es ist inspiriert von der Architektur und der Geschichte der Ringbebauung, deren Grundsteinlegung im August 1953 im Beisein von Walter Ulbricht stattfand.

Eine zentrale Steuerung der vielen Beleuchtungselemente hinter den Fenstern einzelner Wohnungen erlaubte es, verschiedene Inhalte auf der Fassade wiederzugeben. Das Licht-Fassadenkonzept verwendete Leuchten mit hoher Lichtstärke und verwies auf die Themen Durchleuchten, Überwachen und Blenden und deren Ambivalenz früher und heute. Außerdem spielte die Lichtinstallation auf die Spannung zwischen dem politischen System und dem Rückzug ins Private in der ehemaligen DDR an. Der „Glückspalast" war eine von 20 künstlerisch gestalteten Installationen entlang des innerstädtischen Rings in Erinnerung an den historischen Demonstrationsweg von 1989 um das Leipziger Zentrum.

**GREIZ 2046** „7 Setzungen für die Zukunft", Master-Thesis Architektur 2014/15 / Markus Wiese und Simon Korn, Architektur-Absolventen HTWK Leipzig

→ Simon Korn und Markus Wiese, Greiz 2046 – 7 Setzungen für die Zukunft. Leipzig / Greiz, 2. Auflage 2015

# GREIZ INTERVENTIONEN

Abwanderung, wirtschaftlicher Abschwung, die leeren Fabriken und die fehlende Arbeit haben die meisten Greizer als Bilder ihrer Stadt im Kopf und begründen so das Aussterben von Greiz. Wir wollen mit Greiz 2046 von einer anderen Zukunft erzählen. Ausgehend von Greiz als großgewachsener Kulturstruktur sammelten, gruben und suchten wir mit Spaziergängen, kognitiven Karten, Interviews, Facebook-Umfragen und Logbuch-Einträgen in diesem „Metaberg". Ergebnis war der Greiz-Atlas – ein Werkzeug, mit dem wir Ziele und Themen für ein Zukunftskonzept herausarbeiten konnten. Diesen Zielen und Themen lassen sich die „7 Setzungen für die Zukunft" zuordnen.

Warum Greiz? Warum nicht! Schon zu Beginn unserer Arbeit zeigte uns diese oft gestellte Frage, dass die Greizer an der Vorstellung festhalten, Greiz sei als Thema uninteressant, da es als schrumpfende Stadt sowieso keine Zukunft hätte. Ebenso fest verankert schien zugleich das Bild ihrer Stadt als fürstliches Handelszentrum. Unsere spontane wie leichtsinnige Antwort war eine Einladung an die Greizer und uns, diese Vorstellungen zu überprüfen. Das Loslassen von festen Vorstellungen „Wie etwas sein muss" führt hierbei auch zur Kernfrage unserer Arbeit, der Frage, wie wir leben wollen. Die 7 Setzungen für die Zukunft sollen eine Einladung an Greiz sein, diese Frage neu zu verhandeln, alternativlose Verklebungen wie beispielsweise Zukunft und Wirtschaftswachstum zu lösen und neue eigene und gemeinsame Visionen für Greiz zu spinnen. Wie wollen wir leben in 2046 – oder morgen und damit heute?

Begleitet von den lokalen Zeitungen und dem MDR Regionalfernsehen haben wir unsere Arbeit „Greiz 2046" im Frühjahr 2015 in der Vogtlandhalle in Greiz vor rund 60 Greizern präsentiert. Die meisten freuten sich über die positive Erzählung einer möglichen Zukunft ihrer Stadt. Das Begleitbuch zum Projekt war schnell vergriffen; im Juli erschien die 2. Auflage des Buchs – gedruckt in Greiz.

13

**REPARIEREN AM DIENSTAG** Eine Veranstaltungsreihe zum Selber-Reparieren, Projekt Master Design FoE Ereignis, Zürcher Hochschule der Künste, 2013 – 2015 / Christian Pfeifer, Architekt, Absolvent HTWK Leipzig

→ www.zuerich.repariert.org

# EREIGNISDESIGN

Wie muss eine Strategie entwickelt werden, die das Selber-Reparieren von Haushaltsgegenständen in Zürich fördert? Die Lampe hat einen Wackelkontakt, der Küchenstuhl kippelt und der Mixer mixt schon lange nicht mehr. Es richten zu lassen wäre schön, aber teuer. Darum: Repariere es selbst! Aber wie? Zürich verfügt über eine erstaunliche Dichte an Angeboten, die beim Selber-Reparieren unterstützen können. Der Reparaturwillige kennt oder nutzt diese aber kaum – so die Kernerkenntnis der empirischen Untersuchungen.

Entwickelt wurde „Reparieren am Dienstag" – eine Veranstaltungsreihe für den Dienstagabend in Bars. In diesen Momenten der Muße wird Selber-Reparieren inszeniert. Durch aktive Teilnahme der Besucher wird die Freude daran erfahrbar gemacht und im Gespräch auf bestehende Angebote hingewiesen. Ergänzend zu dieser Vermittlungsstrategie schließt ein Online-Reparaturatlas die Lücke zwischen Reparaturwilligen und Angebot. Das Projekt ist Anstoß zum Selber-Reparieren, denn: Wers einmal macht, wirds wieder tun!

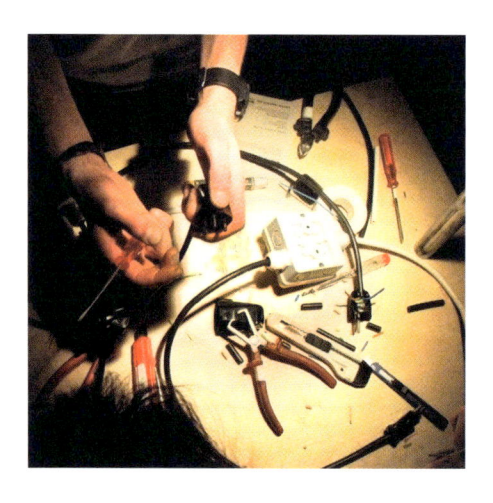

14

88

**BOWLINGTREFF LEIPZIG – EINE SPIELSTÄTTE AUF ZEIT** Projekt 2007 / Patrick Bedarf, Matthias Bertram, Romy Heiland, Janett Koch, Christian Pfeifer und Tom Weyrauch, Architektur-Studierende HTWK Leipzig mit Prof. Dr. Annette Menting

→ Annette Menting, Hrsg.: Bowling together! Bowlingtreff Leipzig – Eine Spielstätte auf Zeit. Leipzig 2007

# BOWLING TOGETHER!

Eine Intervention in dem seit zehn Jahren leerstehenden und verbarrikadierten Bowlingtreff führte zur Reaktivierung des Ortes auf Zeit. Anlass hierzu war die Präsentation einer Architekturausstellung an einem besonderen Ort in Leipzig zum 15-jährigen Bestehen der Architektur-Studiengänge an der HTWK Leipzig. Bereits im Vorfeld entwickelte sich durch umfangreiche Planungen und Vorbereitungen mit zahlreichen Kooperationspartnern ein neues Bewusstsein für das Bauwerk, einem zu entdeckenden Zeugnis der DDR-Architektur aus den achtziger Jahren. Die von Architektur-Studierenden entwickelte Intervention in den Bestandsbau bedient sich einer plakativen Symbolik: ein fluoreszierend pinkfarbenes Band begleitete die jeweiligen Eingriffe und Installationen. Informations-, Sitz- und Ausstellungsbänder dienten als Träger und Projektionsflächen für alle Medien. Eine große Videoinstallation an der Glasfront widmete sich konträr behandelten Leipziger Phänomenen wie den repräsentativen Leipziger Gründerzeitbauten und den profanen Plattenbauten.

Der Bau wurde für eine Woche zur Spielstätte auf Zeit, indem neben der Ausstellung ein täglich wechselndes kulturelles Programm angeboten wurde: vom Filmabend über einen soziologischen Diskurs zum „Bowling together" bis zur Lesung mit Konzert – trotz kalter Oktobertage übertraf die Resonanz des interessierten Publikums alle Erwartungen. Die abschließende Veranstaltung mit den Schirmherren, Stadt Leipzig und Sächsische Akademie der Künste, entwickelte sich zu einem Plädoyer für den Erhalt des Bowlingtreffs und war Anlass, das Gebäude unter Denkmalschutz zu stellen und nach neuen Nutzungs- und Rettungskonzepten zu suchen. Eine Publikation zum Bau, seinem Architekten Winfried Sziegoleit, und zur temporären Intervention ergänzte das Gesamtkonzept.

**„AXE 17"** Rolf-Axen-Straße 9–17, Leipzig-Kleinzschocher, Beteiligungsprojekt zur Gestaltung von Freizeitflächen, 2002–2005 / Peggy Diebler, Sozialarbeiterin, Absolventin HTWK Leipzig / Prof. Dr. Lothar Stock / Weitere Beteiligte: Kepler Gymnasium, Schule am Adler, Fritz-Gietzelt-Schule, Kita Kantatenweg, Leipziger Kinderbüro e.V., Öko-Löwe Leipzig e.V., Kinder-Atelier KAOS e.V., Büro fagus Seelemann u. a.

→ Peggy Diebler, Beteiligung von Kindern und Jugendlichen an Stadterneuerungsprozessen am Beispiel der Gestaltung einer Sport und Freizeitflächen (AXE 17) im Leipziger Stadtteil Kleinzschocher. In: Die soziale Stadt für Kinder und Jugendliche, Konferenz-Dokumentation. Leipzig 2006

# QUARTIERS-MANAGEMENT

Quartiersmanagement wird seit Jahren deutschlandweit als Instrument genutzt und durch Förderprogramme wie URBAN II unterstützt; im Mai 2002 wurde es im Quartier Kleinzschocher eingesetzt. Das Projekt AXE 17 befindet sich in einem gründerzeitliche Wohngebiet mit ungenutzten Bahnanlagen auf Brachengrundstücken. Das ehemals betrieblich genutzte Gelände bot jahrelang einen verwahrlosten Anblick. Der konzeptionelle Projektschwerpunkt lag in der Wohnumfeldgestaltung sowie im Aufbau von bereichsübergreifenden Kooperationsstrukturen unter Einbeziehung der Bewohnerschaft. Dabei hatten die Interessen von Kindern- und Jugendlichen einen besonderen Stellenwert.

Für das Projekt führte Lothar Stock ein Seminar zur aktivierenden Befragung durch. Nach Gesprächen mit Anwohnern wurde in einem Geländeteil die Errichtung einer Sport- und Freizeitfläche für Kinder- und Jugendliche und in einem anderen Bereich eine behutsame Grüngestaltung vereinbart. Zur Gestaltung der Freizeitfläche wurden die Wünsche der Schüler und Schülerinnen von angrenzenden Schulen in die Planung einbezogen. Das Quartiersmanagement veranstaltete einen Ideenwettbewerb zur Gestaltung der Mauern und im Ergebnis wurden Sprayer, Maler und Zeichner aus unterschiedlichsten Altersklassen der Kinder und Jugendlichen für die Umsetzung ausgewählt. Die Anwohner wurden über den Projektverlauf informiert und es wurde ihnen Pflegepatenschaften für Teile des neugestalteten Geländes angeboten. Die Motivation zum bürgerschaftlichen Engagement entwickelte sich durch das Projekt, die Kooperationen im Stadtteil intensivierten sich durch die Beteiligung vieler Akteure die Nachbarschaften wurden gestärkt.

16

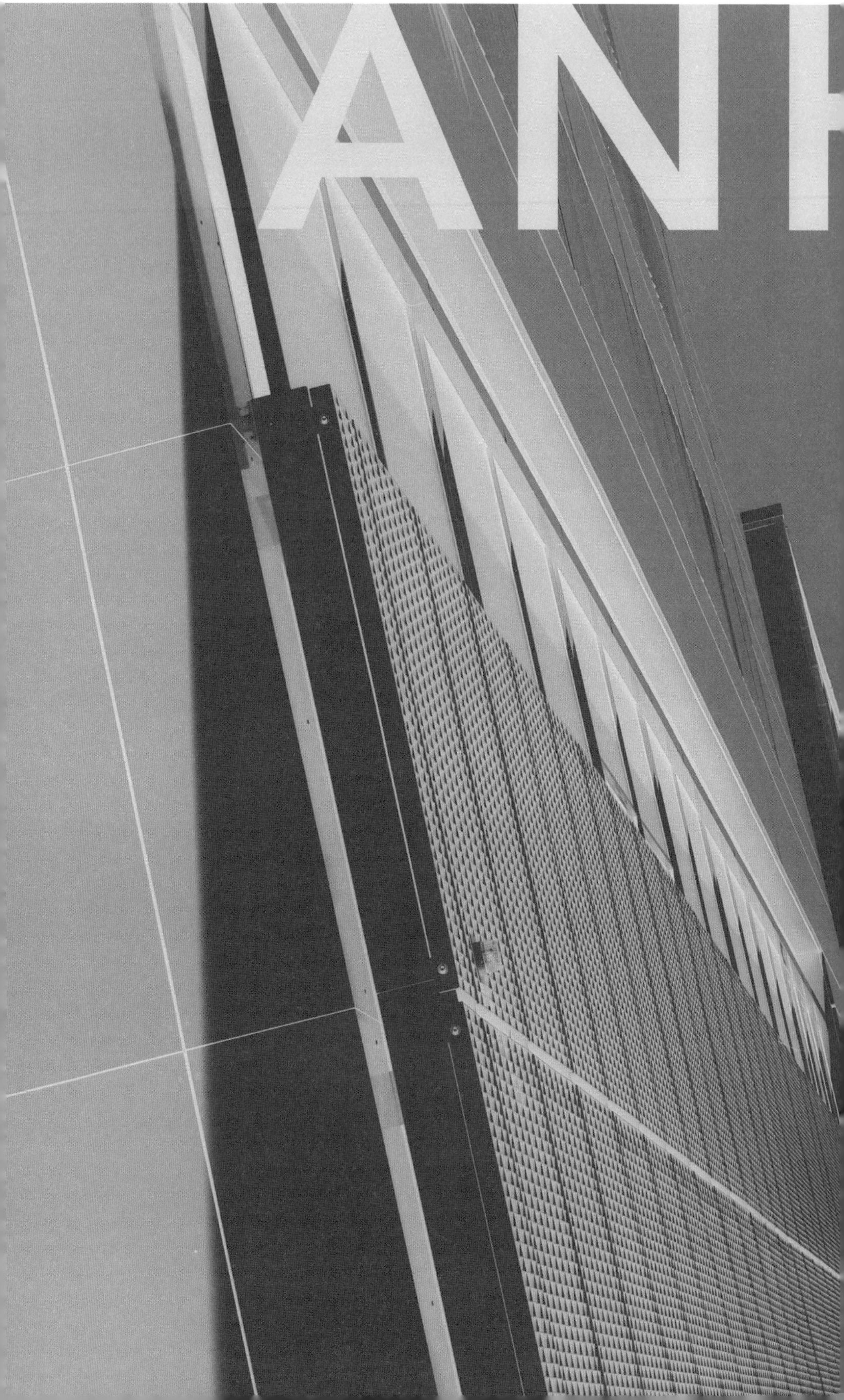
AN

HANG

# AUTORINNEN UND AUTOREN

**MORITZ AHLERT**
studierte Architektur an der UdK Berlin. Seit 2009 eigene Projekte und für das Projektbüro Friedrich von Borries. Bis Ende 2014 wissenschaftlicher Mitarbeiter im DFG-Forschungsprojekt „Urbane Interventionen" an der HFBK Hamburg.

**FRIEDRICH VON BORRIES**
ist als Architekt Professor für Designtheorie an der HFBK Hamburg. Nach dem Architekturstudium mit Promotion leitete er ein Projektbüro in Berlin, das in den Grenzbereichen von Stadtentwicklung, Architektur, Design und Kunst agiert.

**NORMA BRECHT**
hat in Leipzig Politikwissenschaften mit der Vertiefung Stadtgeographie studiert. Zurzeit studiert sie in Leipzig Architektur und ist dort in verschiedenen stadtpolitischen Gruppen aktiv – im Netzwerk „Leipzig – Stadt für alle".

**DOROTHEE DUBRAU**
ist seit 2013 Bürgermeisterin und Beigeordnete für Stadtentwicklung und Bau in Leipzig. Von 1990 bis 2006 war die Architektin Bezirksstadträtin für verschiedene Stadtbezirke in Berlin, danach Gastdozentin an Technischen Hochschulen.

**JENS-UWE FISCHER**
studierte Politikwissenschaft und Geschichte in Jena, Halle und Berlin. Wissenschaftlicher Mitarbeiter im DFG-Forschungsprojekt „Urbane Interventionen". Er arbeitet zudem frei in der Kulturellen Bildung, in Ausstellungsprojekten und als Autor.

**GESINE GRANDE**
ist seit 2014 Rektorin der HTWK Leipzig. Sie studierte Psychologie in Leipzig, nach Promotion in Bielefeld und Habilitation an der medizinischen Fakultät der Universität Leipzig war sie von 2003 bis 2013 Professorin für Psychologie an der HTWK.

**ANGELIKA KELL**
ist Gründerin und Vorsitzende des Vorstands der Stiftung „Bürger für Leipzig". Nach dem Studium der Politikwissenschaften in Leipzig organisierte sie Bürgerbeteiligungsprozesse und nachhaltige Stadtentwicklungsprojekte.

**VERENA LANDAU**
Studium der Malerei und Grafik an der HGB Leipzig. Neben zahlreichen Ausstellungen künstlerische Leitung von Jugend-Projekten, künstlerische Lehrtätigkeit und Kulturaktivitäten im stadtteilbezogenen Pöge-Haus e.V. Leipzig.

**ANNETTE MENTING**
war nach dem Architekturstudium an der UDK Berlin als Architektin tätig. Seit ihrer Promotion forscht und publiziert sie zur Architektur der Moderne. Seit 2000 Professorin für Architekturgeschichte und Baukultur an der HTWK Leipzig.

**CHRISTA MÜLLER**
ist promovierte Soziologin und leitet die anstiftung in München. Sie forscht zu nachhaltigen Lebensstilen, neuen Wohlstandsmodellen und postindustrieller Produktivität. 2011 gab sie das Buch „Urban Gardening" heraus.

**WALTER PRIGGE**
ist habilitierter Architektur- und Stadtsoziologe in Leipzig. Nach selbständiger Tätigkeit in Frankfurt/M. war er von 1996 bis 2011 wissenschaftlicher Mitarbeiter und danach Senior Fellow an der Stiftung Bauhaus Dessau.

**RONALD SCHERZER-HEIDENBERGER**
Studium der Architektur und Assistent an der TU München. Nach Referendariat bei der Bayerischen Baubehörde und einer Dozentur in Dresden seit 1995 Professur für Städtebau und Regionalplanung an der HTWK Leipzig.

**ANDREAS THIESEN**
Studium der Sozialen Arbeit mit Promotion im Fach Politische Wissenschaft. Nach Forschungen und Vertretungsprofessur seit 2014 Professor für Sozialarbeitswissenschaften und Sozialer Raum an der HTWK Leipzig.

**EMILIO MARTÍNEZ VIDAL**
Architect and Master in urban planning since 1981. Between 1992 and 2004 Head of the Planning Area for the Revision of the General Plan; between 2007 and 2011 Deputy Director General for Information and Participation of Singular Projects in the City.

# AUSSTELLUNGSBETEILIGTE

Christian Pfeifer – Ereignisdesign / Offene ArchitekTür e.V., Ronald Scherzer-Heidenberger – Feinkost / Peggy Diebler – Quartiersmanagement / Anke Haarmann, Irene Bude mit Nora Gitter, Alexander Lebe, Paavo Patz, u.a. – Das Geheimnis von LE / Christiane Rößiger mit Stefan Danner – Politische Partizipation von Jugendlichen / Simon Korn, Markus Wiese – Greiz Interventionen / Master-Studierende mit Andreas Thiesen – Kleider machen Räume / Patrick Bedarf, Matthias Bertram, Romy Heiland, Janett Koch, Christian Pfeifer, Tom Weyrauch mit Annette Menting – Bowling together! / Jörg-Achim Weber, Susann Pruchnik, Julia Dathe, Jan Kuhlbrodt – Kinderstraßen / Stefanie Carl, Carina Görbig, Stefan Huth, Sebastian Renner mit Andreas Wolf und Alba D'Urbano – 100% Health / Rainer Vor, Ronald Scherzer-Heidenberger, Andrea Nikolaizig mit HTWK Studierenden u.a. – Herbstsalon / Norma Brecht – Stadt für alle / Leiv-Patrick Berthel, Ute Ehret, Tobias Franke, Dirk Stenzel, Kai-Uwe Schott, Marco Bartusch, Maria Bozzo-Costa Wolf, Jens-Uwe Boldt, Antje Heuer, Bert Hafermalz, Tom Hobusch, Wolf-Heiko Kuppardt, Martin Morkramer, Fritjof Mothes, Sabine Eling Papenhagen, Stefan Rettich, Tim Tröger – L21: Leipzig im 21. Jahrhundert / Frank Hülsmeier, Max Erlemann mit Studierenden – Glückspalast / Christian B.A. Happe – Zwischenräume / Architektur-Studierende mit Uli Vetter – Architekturmaschine

# FAKULTÄT ARCHITEKTUR UND SOZIALWISSENSCHAFTEN, HTWK LEIPZIG

Fakultät Architektur und Sozialwissenschaften, HTWK Leipzig / 800 Studierende der Architektur und der Sozialen Arbeit / Prof. Dipl.-Ing. Dorothea Becker / Prof. Dr. phil. Grit Behse-Bartels / Prof. Gerhard Bremmer / Prof. Dr. phil. Stefan Danner / Martin Dembski, M.Sc. / Cristoph Dijoux, M.Sc. / Sandy Drube / Prof. Dr. phil. Heike Förster / Dipl.-Ing. Sabine Frölich / Kerstin Gal / Dipl.-Ing. Christine Gille / Susann Graupner / Dipl.-Ing. (FH) Martin Grünert / Prof. Dipl.-Ing. Matthias Grunwald / Romy Heiland, M.A. / Dipl.-Ing. (FH) Adrian Heller / Sabine Herget, M.Sc. / Prof. Mag. Arch. Hubert Hermann / Prof. Dr.-Ing. Rainer Hertting-Thomasius / Dipl.-Ing. (FH) Melanie Herzau / Prof. Dipl.-Ing. Frank Hülsmeier / Stefan Huth, M.A. / Dipl. Soz.arb./Soz.päd. Ulrike Igel / Brigitte Jäschke / Sarah Knechtges, M.Eng. / Prof. Dipl.-Ing. Christian Knoche / Sabine Koch, B.Sc. / Timo Kretschmer, M.A. / Dipl. Soz.arb./Soz.päd. Ulrike Leistner / Prof. Dipl.-Ing. Anthusa Löffler / Prof. M. Arch. Wilfried Mayer / Prof. Dr.-Ing. Annette Menting / Prof. Dipl.-Ing. Martin zur Nedden / Prof. Dr.-Ing. Andreas Nietzold / Dipl.-Soz.päd. (FH) Michael Oertel / Prof. Dr. phil. Anja Pannewitz / Dipl.-Ing. Stefan Paulisch / Manuel Pietzsch, M.Sc. / Sebastian Radke / Prof. Dr. Birgit Reißig / Prof. diparch Henning Rambow / Dipl.-Ing. (FH) Jana Reise / Janice Rogalla / Prof. Dr. phil. Bernhard Rohde / Cornelia Roski, M.Sc. / Prof. Dipl.-Ing. Ronald Scherzer-Heidenberger / Prof. Dipl.-Ing. Frank Schüler / Prof. Dr. med. Astrid Sonntag / Prof. Dr.-Ing. Alexander Stahr / Prof. Dipl.-Ing. Marina Stankovic / Prof. Dr. phil. Lothar Stock / Prof. Dipl.-Ing. Harald Stricker / Dipl.-Ing. Michael Theuer / Prof. Dr. phil. Andreas Thiesen / Prof. Dipl.-Ing. Ulrich Vetter / Prof. Dr. iur. Rainer Vor / Prof. Dr. med. Jörg-Achim Weber / Prof. Dr.-Ing. Ulrich Weferling / Prof. Dipl.-Ing. Tobias Wenzel / Prof. Dipl.-Ing. Ingo Andreas Wolf / Dipl.-Phys. Udo Zimmer

# DANK

Dank für die Kooperation und freundliche Unterstützung des Kolloquiums: Architektenkammer Sachsen / Bund Deutscher Architekten BDA, Landesverband Sachsen / Culturtraeger / Universität Leipzig / Rektorat, Förderverein und Akademisches Auslandsamt der HTWK Leipzig.

Dank den Beteiligten von Kolloquium, Ausstellung und Publikation: allen Verfasserinnen und Verfassern für ihre Beiträge; Eugenia Freund, Carsten Oppermann und Markus Wiese für Organisation und Gestaltung der Ausstellung, Barbara Schoder für das Englisch-Lektorat, Henry Frenzlein für die Reproarbeit sowie Lurette Seyde für die Gestaltung der Publikation.